ARBEITSHILFEN FÜR DEN GESCHICHTSLEHRER

HEFT

DIE BÜRGERLICHEN REVOLUTIONEN

Von

RUDOLF STIELOW

VERLAG MORITZ DIESTERWEG
Frankfurt am Main · Berlin · München

729

Arbeitshilfen für den Geschichtslehrer

Die „Arbeitshilfen für den Geschichtslehrer“ entstanden in Zusammenarbeit mit den Autoren der im gleichen Verlag erschienenen „Bilder aus der Weltgeschichte, Historische Szenen, Quellen und Berichte, herausgegeben von R. Stielow.“ Auf diese Schülerhefte wird im Verlauf der Darlegungen ständig verwiesen. Dennoch ist die Verwendung der „Arbeitshefte“ keineswegs von den betreffenden Heften dieser Reihe abhängig. Vielmehr helfen sie jedem Fachlehrer bei der Ausarbeitung des Lehrplanstoffes, geben Anregungen für die Ausgestaltung sowie didaktische und methodische Hinweise.

Bisher liegen folgende „Arbeitshilfen“ vor:

Rom
Von der Gründung der Stadt bis zum Tod des Augustus
Von F. R. Franke. IV, 76 S. (722)

Das Hochmittelalter
Von R. Stielow. 63 S. (724)

Das Spätmittelalter
Von K. H. Burbach. IV, 32 S. (725)

Renaissance und Humanismus
Erfindungen und Entdeckungen
Von K. H. Burbach und R. Stielow. 76 S. (726)

Reformation und Glaubenskämpfe
Von H. Mann und R. Stielow. 133 S. (727)

Die bürgerlichen Revolutionen
Herausgegeben von R. Stielow. IV, 32 S. (729)

Napoleon und der Aufstand Europas
Von W. Trog. 44 S. (730)

ISBN 3-425-00729-7
4. Auflage 1971

Gesamtherstellung: Universitätsdruckerei Mainz GmbH

Inhalt

A. Einleitungen

Die bürgerlichen Revolutionen

Unsere politische Welt ist auf den Grundlagen erbaut, die die amerikanische und die französische Revolution geschaffen haben.

Wenn heute der „Adel des Geistes" gegen den „Adel der Geburt"[1]) gesiegt hat, wenn die Freiheit in jeder Gestalt gepriesen wird als Gedanken-, Gewerbe- und Pressefreiheit, als Freiheit des Glaubens, der Wahlen und der Vereine, dann sind das Folgen der beiden Revolutionen. Aus ihnen erwuchsen unsere moderne Volksabstimmung, der Begriff der Volkssouveränität, die Teilung der Gewalten im Staat und der Grundsatz der Gleichheit vor dem Gesetz. Beide Revolutionen leiteten mit der Erklärung der Menschenrechte auch die Emanzipation der Bauern, der Frauen und der Juden ein, die französische setzte unser rationales Dezimalsystem an die Stelle der alten Maße von Elle und Fuß, Joch und Morgen. Ihr Werk ist das Europa des 19. Jahrhunderts als einer Gesellschaft miteinander konkurrierender bürgerlicher Nationalstaaten und die Verbindung der allgemeinen Wehrpflicht mit einem politischen Sendungsglauben. Dieser mündete schließlich in den Gedanken der totalen Mobilisierung eines Staates zugunsten einer Kreuzzugsidee. Das Ergebnis war der totale Krieg der totalitären Staatssysteme des 20. Jahrhunderts.

[1]„Durch das Los der Geburt ist der eine ein König und der andere ein Schäfer, der Zufall machte sie so verschieden. Ändern kann das allein der Geist. 20 Königen zerbricht der Tod die Altäre, auf denen sie beweihräuchert wurden, Voltaire aber bleibt unsterblich."

(Beaumarchais „Ein toller Tag oder Figaros Hochzeit")

I. Die Amerikanische Revolution

Die Kolonisten

(Einleitung zu den Kapiteln Grenzerleben, Rebellen, Der General und die Scharfschützen, Patrick Henrys Hochverrat. Seite 1–6 des Schülerheftes.)

Gewürze, Gold und der Eifer, die Heiden zu bekehren, hatten Columbus, Cortez, Pizarro und Las Casas nach Amerika gelockt. Das „Gold des Meeres", Neufundlands Fische, und das „Gold der Wälder", die Pelze, zogen die Franzosen nach dem neuen Kontinent. Ihre Missionare versuchten, Irokesen und Dakotas, Sioux und Huronen am St.-Lorenz-Strom und an den Seen zu bekehren. Der Jesuitenpater Marquette und der Waldläufer Jolliet entdeckten den „Vater der Ströme", den Mississippi. Sie befuhren ihn bis zur Einmündung des Arkansas. Eine Kette von Stützpunkten für die Pelzhändler und Soldaten entstand in Kanada und im Mississippi-Gebiet, allen voran Quebec und Montreal.

Englische Siedler landeten an der Ostküste Amerikas zwischen Boston und Charleston. Im 17. Jahrhundert entstanden 12 der 13 alten Staaten, als letzter wurde 1733 Georgia gegründet. Diese englischen Kolonien unterschieden sich sehr stark in ihrem Charakter voneinander, obwohl neun Zehntel ihrer Bewohner Farmer und Pflanzer waren. Strenge, düstere Puritaner saßen als Bauern in Massachusetts, tolerante, friedfertige Quäker hatte William Penn an den Delaware geführt, wo sie zusammen mit Deutschen und Schweden lebten. Ihrer Hauptstadt hatten sie den Namen Philadelphia, d. i. Bruderliebe, gegeben. Neu Amsterdam war von Holländern erbaut worden. Später besetzte dieses Gebiet Karl II. und schenkte es seinem Bruder, dem Herzog von York, der der Stadt seinen Namen gab. Franzosen siedelten in Süd-Carolina. In Maryland gab Lord Baltimore englischen Katholiken eine neue Heimstatt, in Virginien und Nord-Carolina lebten die Söhne altenglischer Kavaliere auf riesigen Gütern, die von schwarzen Sklavenherden bewirtschaftet wurden.

Es waren die Zähesten, die Wagemutigsten des alten Kontinents, die über das Meer gingen: Adlige, wie die Gründer der ersten amerikanischen Stadt Jamestown, religiöse Eiferer wie die Puritaner der „Mayflower", die vor den Verfolgungen der staatlichen und kirchlichen Behörden aus Nordengland geflüchtet waren, oder Bauern aus Westengland, die freies Land suchten. Unter den Siedlern waren strenge Demokraten und Männer, die den Mut besaßen, neue Staatsverfassungen zu erproben, so William Penn und Roger Williams. Dieser junge Prediger der Gewissensfreiheit entfloh der Unduldsamkeit des Puritaner-Staates Massachusetts und gründete mit Hilfe der Naragansett-Indianer die radikal-demokratische Kolonie Providence (Vorsehung, d. i. der spätere Staat Rhode-Island). Ganz ähnlich entstand Connecticut. Für Carolina entwarf die Verfassung der Philosoph Locke selbst, und in Georgien begann Oglethorpe das „heilige Experiment" eines Staates der Humanität. Er gewährte allen, die als Schuldner im Kerker geschmachtet hatten, eine neue Heimat und allen verfolgten Sektierern eine Freistatt.

Es gab Eigentümerkolonien, die einem einzelnen Manne gehörten, wie New-Hampshire, Maine und das erwähnte Maryland, das Eigentum des Lord Baltimore war. In anderen Kolonien saßen fast nur Kleinfarmer. In den meisten aber Großgrundbesitzer neben einer Mittelschicht und kleinen Leuten. Bunt genug sah also das Bild der Kolonien aus. Doch kann man etwa vier Hauptgruppen herausheben.

1. Die eigentlichen Neu-England-Staaten von Maine bis Connecticut,
2. die mittleren Staaten,
3. die südlichen von Maryland bis Georgien,
4. das „Hinterland der Grenze" im Westen aller Kolonien von Georgien bis nach Maine hinauf.

Die letzte Gruppe wurde in bestimmter Hinsicht die wichtigste für den Prozeß der Revolution.

Den Norden beherrschten im wesentlichen die Puritaner. Seine 700000 Einwohner ähnelten einander sehr in Sprache und Sitte, in ihrer Frömmigkeit und ihrem Denken. Landwirte und Fischer hatten ihr gutes Auskommen, wenn sie auch hart arbeiten mußten. Die meisten Haushalte waren Selbstversorger, webten ihr eigenes Tuch, stellten ihre

Schuhe, ja sogar ihre Möbel selbst her. Fleiß, Sparsamkeit, schlauer Unternehmergeist, engherzige Frömmigkeit waren die hervorstechenden Eigenschaften der calvinistischen „Yankees". Ihre Kaufleute und Schiffsbesitzer erwarben manchmal beträchtliche Vermögen. Die großen Fischereibetriebe von Massachusetts exportierten viel nach Europa und Westindien. Nicht ohne Grund hatte man den Kabeljau in das Wappen der Kolonie gesetzt. Kirche und Schule nahmen einen besonders würdigen Platz ein, die Gesetzgeber der Kolonie verlangten schon früh von jeder Stadt mit mehr als fünfzig Familien eine Schule. Der Sabbath von Sonnabend sechs Uhr nachmittags bis zum Sonnenuntergang des Sonntags wurde streng eingehalten; niemand reiste, die Schenken waren geschlossen, ja, Gruppen von Männern, die sich auf der Straße unterhielten, konnten verhaftet werden. Später allerdings wurde man weitherziger. Die strengen kirchlichen Vorschriften milderten sich; der Überseehandel hatte den Neu-Engländern, besonders den Bostonern, den Blick geweitet. Sehr stolz waren sie auf ihre Stadtverwaltung. An den städtischen Versammlungen nahmen alle wahlberechtigten Bürger teil. Zwar war die gesellschaftliche Schichtung deutlich sichtbar: die Farmer waren mäßig begütert, in Boston und New Haven aber wohnten die Aristokraten in vornehmen Häusern, deren Tafelsilber stolz ihre Wappen zeigte, doch nirgendwo in der Welt war die Masse der Bevölkerung selbstbewußter. Sie war ein unversöhnlicher Gegner Englands.

Die mittleren Kolonien besaßen eine viel gemischtere Gesellschaft. Sie war auch weit weltoffener und toleranter als die der Nordkolonien. Die Menge der Bevölkerung – sie betrug auch hier etwa 700000 Köpfe – saß auf dem Lande, aber der Boden war reicher als im Norden. Es gab im Hudsontal z. B. vornehme Herrensitze mit Scharen von farbigen und weißen Bedienten. Aber auch die Quäkerfarmer in Pennsylvanien lebten in massiven Steinhäusern mit getäfelten oder tapezierten Zimmern, besaßen gutes europäisches Porzellan und Kristall. Die Tische, an denen die Quäker mit ihren Knechten aßen, bogen sich unter der Last der Speisen. Fleisch, das damals für viele Europäer ein seltenes Gericht war, kam hier dreimal täglich auf den Tisch. Zahlreiche Getreidesorten gediehen in diesen Kolonien ebenso wie gutes Obst, und viele Farmer hatten eigene Fischteiche. Die Zahl der Kaufleute, Großhändler und Handwerker nahm schnell zu, die Delawarebucht und der Hudsonsund wimmelten von Schiffen. New York und Philadelphia waren die größten Verteilungsplätze für den Innenhandel geworden. Manche Firmen handelten mit Getreide und getrockneten Fischen, Sklaven und Melasse aus Afrika und Westindien. Andere luden in Albany am Hudson Pelze für London und nahmen als Rückfracht feine Textilien, Porzellane und Möbel. Die Reeder und Kaufleute hielten auf diese Weise enge Fühlung mit Europa. New York rühmte sich seiner Klubs, seiner Bälle und Konzerte. Es gab Vergnügungsparks, Theater und Kaffeehäuser. Die Reichen kleideten sich nach der letzten Londoner Mode in Samt und Seide, trugen gepuderte Perücken und Degen. Die Stadt war außerordentlich lebendig, dazu trug viel die Mischung der Sekten und Rassen bei. John Adams, der nachmalige zweite Präsident der Staaten, bewunderte 1770 auf der Durchreise die herrlichen Häuser und die erlesene Küche seiner New Yorker Gastgeber. Am Neujahrsabend knallten die Salutschüsse, die Herren statteten ihren Bekannten reihum Besuche ab, aßen Leckerbissen und tranken oft so viel Madeira und Punsch, daß sie nach Hause gefahren werden mußten. In dieser Zeit glaubten viele Londoner, daß New York von Cowboys und Indianern bewohnt sei.

In Philadelphia ging es zwar wesentlich ruhiger zu. Aber die Stadt, berühmt durch ihre Fonds für wissenschaftliche Studien, schien Thomas Jefferson, dem späteren dritten Präsidenten, eindrucksvoller als London und Paris. Politik wurde in der ganzen Provinz Pennsylvanien mit größerer Leidenschaft als irgendwo anders im englischen Amerika betrieben. Der wachsende Wohlstand war ein günstiger Boden für freie Berufe. Die Rechtsanwälte der großen Städte betätigten sich häufig auf dem politischen Feld, ihre Gruppe hatte besonderen Anteil am Ausbruch der Revolution.

Die südlichen Kolonien hatten im Gegensatz zu den anderen einen vollkommen ländlichen Charakter. Vielleicht lag das in der Zusammensetzung ihrer Bewohner. Virginien z. B., ursprünglich von kleinen Farmern besiedelt, wurde nach der Hinrichtung Karls I. 1649 das Ziel der „Kavaliere". Wohlhabende Parteigänger der Stuarts, Landjunker und zu Vermögen gekommene Bürgerliche, kauften große Ländereien. Ihre Nachkommen bauten sich z. T. großartige Herrensitze mit Empfangshallen, verschwenderischen Treppenhäusern und großen Wohnräumen, auf deren Tischen bei den üppigen Gastmählern herrliches Londoner Tafelsilber prunkte, an deren Wänden Familiengemälde bekannter Meister und Stiche von Hogarth hingen. Ihren besonderen Stolz machten die Bibliotheken aus. Einige der Familien besaßen bis zu tausend Bänden, Jefferson zweitausend und William Byrd sogar viertausend. Im Herbst reisten sie nach Annapolis oder Charleston in ihre Stadthäuser, machten dort die Wintersaison der Bälle mit und veranstalteten Pferderennen wie ihre Vettern in England. Manche von ihnen besaßen riesige Landgüter, ein Mann wie Washington auf Mount Vernon mit seinen fünfhundert Negersklaven gehörte nicht einmal zu den „Großen". Die Häfen waren armselig, Charleston z. B. war eine kleine Stadt mit ungepflasterten Straßen, in der siebentausend Weiße und ebensoviel Neger wohnten. Die Mittelschicht der kleinen Farmer arbeitete hart, war sparsam. Manche von ihnen stiegen durch Heirat oder Glück in die Oberschicht auf, so Jeffersons Vater, während die Brüder der großen Majoratsherren in die Mittelschicht absanken. Die Trennung der beiden Schichten war daher nicht scharf. Eine breite Kluft trennte allerdings die unterste von den beiden oberen. Wer etwa wegen seiner Schulden im Londoner Fleet-Gefängnis saß und auf bequeme Weise daraus entlassen werden wollte, ließ sich für Amerika anwerben und diente dort seine Schuldsumme ab; Sträflinge wurden ebenfalls häufig nach Virginien deportiert. Aber auch Handwerker, die auf keinen grünen Zweig kamen, waren unter diesen „armen Weißen". Ähnlich lagen die Dinge in Maryland, in Nord- und in Süd-Carolina, das von adligen Günstlingen Karls II. besiedelt worden war.

Die für die Revolution in mancher Hinsicht wichtigste Gruppe war die der Grenzer. Sie bildeten im Westen aller Kolonien den Saum an der Wildnis. Harte, einfache, furchtlose Frauen und Männer rodeten an der Indianergrenze ihr Stück Land, bauten rohe Blockhäuser und Forts, holten ihre Nahrung aus den Wäldern, Flüssen und von ihren kleinen Äckern. Sie führten, meistens weit voneinander getrennt siedelnd, ein ständig bedrohtes, aber königlich freies Leben. Zu ihnen gehörten die beiden Urbilder des „Lederstrumpf", Daniel Boone und Simon Kenton, die es immer weiter nach Westen trieb. Zu ihnen gehörten aber auch Bodenspekulanten wie Richard Henderson, der von den Cherokesen ein großes Stück Kentuckys kaufte und dann an andere stückweise mit großem Zwischengewinn weitergab. So wie aus Europa die kräftigsten und verwegensten Naturen nach Amerika ausgewandert waren, so schoben in den 13 Provinzen die Wagemutigsten und Härtesten die „Grenze" immer weiter nach Westen vor. „Dieser ‚Grenzergeist' war für die Revolution von größter Bedeutung" sagt Trevelyan in seiner „Geschichte Englands".

„Immer finden wir bei den Wegbereitern des Vordrängens gegen Westen dieselben Charakterzüge: Mut, Zähigkeit und Hilfsbereitschaft, Armut und Zuversicht, demokratische Gleichheit und Widerstand gegen jede Art des Zwanges und der Bevormundung...

Oft standen diese Menschen im scharfen Gegensatz zu den seßhaften, konservativen, bequemen Leuten im Osten... Für den Fall eines ernsten Konfliktes konnte das aristokratische England jedenfalls auf Freunde in der seßhaften, wohlhabenden Bevölkerung der Küstenstädte zählen... Unversöhnliche Gegner blieben dagegen die puritanischen Bauern Neu-Englands und besonders die demokratischen Grenzer im Rücken jeder Kolonie."
(II S. 502)

Die Scharfschützen der „Grünen Berge", die „Green Mountain Boys", entschieden das Gefecht um die Schlüsselfestung Ticonderoga in der Hudson-Champlain-Furche; bei Bunker's Hill spielten 1775 die Scharfschützen eine ähnliche Rolle wie die Freiwilligen der französischen Revolution bei Valmy, und die Bergbewohner Südkarolinas schlugen 1780 die nordwärts vorrückenden Briten und retteten damit die nördlichen Provinzen endgültig. Der Geist dieser Freiwilligen entschied schließlich den Krieg und die Revolution.

Ein buntes Bild also bieten diese Kolonisten in ihrer wirtschaftlichen und gesellschaftlichen Schichtung, in Weltanschauung und Religion, schließlich auch in ihrer Stellung zu England und dem König. Hier die radikalen Demokraten Rhode-Islands und die hart arbeitenden Farmer Massachusetts, Nachfahren der „Pilgerväter“, dort die Royalisten Karolinas und New Yorks, hier die reichen Reeder und Kaufleute Bostons und Philadelphias, die ihren Handel durch England bedroht sehen, und da die loyalen Majoratsherren Virginias.

Aber so verschieden voneinander sie alle sind, eines eint die meisten von ihnen: der Grundsatz „Ich bin ebenso gut wie jeder andere“. Dieser Satz, der in Thomas Jeffersons „Virginia Bill of rights“ steht, ist kaum verändert in die Unabhängigkeitserklärung eingegangen. Dort lautet er so: „Alle Menschen sind von Natur aus gleich frei und unabhängig.“ Diese Gesinnung lebte besonders stark in der Gemeinde der einhundertundzwei „Pilger“, die am 11. Dezember 1620 (nach der alten Zeitrechnung; der gregorianische Kalender wurde in England erst 1752 eingeführt) an der Küste von Massachusetts gelandet waren. Sie schufen schließlich eine Republik mit einem Zweikammer-System. In Virginien erklärte das „Haus der Wahlbürger“, daß der Gouverneur keine Steuern ohne Ermächtigung des Hauses erheben und daß auch die Verwendung der Steuern nur nach ihrem Ermessen erfolgen dürfe. Andere „Republiken“ gingen ähnliche Wege. Schließlich setzte sich überall der Grundsatz durch: „Keine Steuern ohne unseren Willen.“

Ursachen und Anlaß des Unabhängigkeitskrieges

(Einleitung zu den Kapiteln Tee für die Fische und Jefferson schreibt die Unabhängigkeitserklärung. Seite 6 und 10f des Schülerheftes.)

Die Revolution begann nicht erst im Jahre 1775. John Adams, der spätere Präsident, damals ein junger, erfolgreicher Rechtsanwalt in Boston, meinte, die Revolution sei schon vollzogen gewesen, als der Krieg ausbrach. Sie hatte die Gesinnung des Volkes gewandelt und die Vereinigung der Kolonien bewirkt. Der Krieg machte dies nur sichtbar. Es war im Grunde ein ähnlicher Vorgang wie in der französischen Revolution: der dritte Stand hier, die Kolonisten dort waren mündig geworden, sie waren ihrer Kraft gewiß und verlangten ein politisches Mitspracherecht. Als ihnen das verweigert wurde, sagten sie sich von den alten Mächten los.

Die Kolonisten wiesen eine lange Liste von Beschwerden vor. Die Kaufleute im Norden erlitten durch die Schiffahrt- und Handelsgesetze, die das Mutterland erließ, schweren Schaden. Der Handel mit der Melasse[1]) und dem Zucker Westindiens sollte durch die Erhebung von Schutzzöllen auf die Britischen Inseln beschränkt werden. Exportzölle auf Waren Europas sollten den Warenverkehr über England leiten. Kriegsschiffe überwachten die amerikanische Küste, um den Schmuggel zu unterbinden. Dieser wurde ein ehrsames Handwerk. Die Pflanzer des Südens wurden dadurch geschädigt, daß englische Handelshäuser zu abnorm niedrigen Preisen Tabak aufkauften und englische Modestoffe, Möbel und Weine zu sehr hohen Preisen in den Kolonien absetzten. Die Engländer hatten die amerikanischen Pflanzer daran gewöhnt, gegen Schuldscheine – heute würden wir sagen, in einem Abzahlungssystem – allerhand Luxusartikel zu bestellen. Die Schulden vererbten sich oft vom Vater auf den Sohn und ruinierten manche Familie. Die Gesamtverschuldung Virginiens an englische Handelshäuser betrug vor der Revolution über 2 Millionen Pfund, das war etwa das Zanzig- bis Dreißigfache des in der Kolonie umlaufenden Geldes. Die kleinen Farmer und Grenzer endlich waren landhungrig und drangen immer weiter gegen Westen vor. Die Londoner Regierung aber wollte Frieden mit den Indianern und bestimmte den Kamm des Alleghany-Gebirges als Grenze. Dazu kam, daß die Regierung die Grenzen gegen die Franzosen und Spanier jenseits des Mississippi und gegen die Indianer sichern wollte. Auf Kosten der Kolonien sollten ständig zehntausend Soldaten in Amerika stationiert werden. Der Weltkrieg mit Frankreich hatte riesige Summen verschlungen. England brauchte also Geld. Die Kolonisten aber wollten keine Steuern bezahlen, die sie nicht selbst bewilligt hatten. Besonderen Unwillen erregte das Gesetz über die Stempelsteuer, nach dem alle Bücher, Zeitungen und Akten nur auf gestempeltem Papier gedruckt oder geschrieben werden durften. Auch die Anordnung, daß die Truppen mit Betten und Geschirr, mit Brennstoff und Licht zu versorgen wären, entfachte den Widerstand.

[1]) Der zähflüssige Rest des Rohrzuckers bei der Zuckergewinnung.

Zwei Gruppen schürten die Empörung; die eine bestand aus Rechtsanwälten und Schriftstellern, die sich mit Staatstheorien beschäftigt hatten, die andere aus Radikalen ohne tiefere Bildung. Diesen Farmern und Handwerkern ging es um eine reine Demokratie. Patrick Henry aus Virginien, Sohn eines armen Lateinlehrers, zwar Rechtsanwalt, doch ohne akademischen Grad, ein großer Jäger und hinreißender Redner, stand zwischen den beiden Gruppen. Als englische Truppen in Virginien an Land gegangen waren, trommelte er kurzerhand die Miliz zusammen, vor der sich die Engländer schleunigst zurückzogen und wieder einschifften. Er war es auch, der 1765 die Gedanken eines akademischen Juristen, seines Bekannten Jefferson, in einer aufwühlenden Rede der virginischen Volksvertretung vortrug.

Jeffersons Ideen waren geradezu ketzerisch. Sein Studium des alten angelsächsischen Rechtes hatte ihn manches gelehrt, was in England selbst vergessen war. Er wies darauf hin, daß erst seit der Eroberung Englands durch die Normannen der König das Recht in Anspruch genommen hatte, über den Grund und Boden seiner Untertanen wie über sein Eigentum zu verfügen. Wenn diese Auffassung zu Recht bestünde, so seien auch die Kolonisten die alleinigen Eigentümer ihres Landes, denn sie hätten ihr Land ebenso gewonnen wie Wilhelm der Eroberer England.

Vielen Kolonisten erschienen diese Gedanken als Hochverrat. Aber sie sollten sich durchsetzen. Im Jahre 1765 war es allerdings noch zu früh dafür. Von Henrys Rede aber meinte Jefferson später, sie sei der Beginn der offenen Revolution gewesen.

1765 war die Stempelakte in Kraft getreten. Die Bürger waren so erbittert darüber, daß in vielen Städten die Glocken läuteten wie bei einer Beerdigung und die Schiffe die Flaggen auf Halbmast setzten. Ein Boykott englischer Waren wurde beschlossen, die Stempelverteiler wurden an vielen Orten gezwungen abzudanken oder zu fliehen. Die Volksvertretungen der einzelnen Kolonien bildeten Komitees, die miteinander alle Nachrichten austauschen sollten. Bald hatten in Massachusetts sogar alle kleinen Gemeinden ihr eigenes Komitee. Auch in anderen Kolonien bildeten sich solche Ortsausschüsse. Der Widerstand wurde straff organisiert. Dann ging man dazu über, revolutionäre Kongresse zu schaffen, aus denen die königstreuen Konservativen ausgeschaltet wurden.

In Virginia löste der Gouverneur die alte Volksversammlung wegen Ungehorsams gegen den König auf. Darauf marschierten 89 Männer der alten „Legislatur" die Hauptstraße Williamsburgs hinunter zum Raleigh-Gasthaus und konstituierten sich dort im berühmten Apollo-Saal, dem Schauplatz glänzender Bälle und Feste, als neue Volksvertretung. Zwei Monate später trat dieser neue illegale, revolutionäre „Konvent" aufs neue zusammen, um den anderen Kolonien den ersten „Kontinentalen Kongreß" vorzuschlagen. Dieser wurde 1774 nach Philadelphia einberufen.

Die Torys Englands und Georg III. hatten 1770 eingesehen, daß sie nachgeben müßten. Das englische Parlament hatte alle neuen Steuern für die Kolonien aufgehoben, mit Ausnahme der Teesteuer. Diese wurde als Probe auf das Machtverhältnis beibehalten. Aber mit solchen halben Maßnahmen war nichts mehr zu retten. In Boston kam es zu Schlägereien zwischen Soldaten und Bürgern, die die Rotröcke, die „lobster-backs" (Hummerhintern), gehänselt hatten. Zwei Jahre später (1772) strandete die „Gaspee", ein kleines Kriegsschiff, an der Küste von Rhode-Island. Das Schiff sollte den Schmuggel unterbinden, sein Kommandant hatte sich verhaßt gemacht, weil er sich ohne jede Warnung selbst auf Postschiffe und Marktboote stürzte. Als das Kanonenboot bei der Verfolgung auf Grund gelaufen war, schlichen sich Bürger von Providence nachts in acht Booten mit umwickelten Rudern heran, holten den Kommandanten und die Matrosen heraus und steckten das Schiff an. Darauf verschärfte England wieder die Gesetze gegen die Kolonie. Jeder, der sich am Flotteneigentum vergriff, konnte mit dem Tode bestraft werden.

Die schlimmsten Folgen aber hatte die Aufrechterhaltung der Teesteuer. Bald trank kaum noch ein guter Patriot Tee. Die Ost-Indien-Kompagnie, in deren Händen dieser Handel lag, schickte trotz des Boykotts Schiffe mit Tee nach Amerika. Aber die Bürger von Philadelphia und New York zwangen die Kapitäne, die Kisten wieder an Bord zu nehmen und zurückzusegeln. In Charleston wurden sie in Kellern verschlossen, und in Boston kam es zur berühmten „Tea Party", die von allen Gegnern Englands mit lautem

Jubel begrüßt wurde. Leiter dieses Überfalls auf die drei Teeschiffe war einer der rührigsten und radikalsten Patrioten, Sam Adams.

II. Die Französische Revolution

Die Ursachen

(Einleitung zu den Kapiteln Figaro und Die Privilegierten. Seite 22ff des Schülerheftes.)

Die Ursachen der französischen Revolution sind vielfältig und zahlreich. Doch haben einige der Umstände und der Kräfte, die sie ausgelöst haben, ein besonderes Gewicht.

1. Das Staats- und Gesellschaftsgefüge des Ancien régime ist morsch.
2. Eine Reihe der Steuern und die Privilegien der beiden ersten Stände sind so ungeheuerlich, daß sie im Volk einen furchtbaren Haß erregen.
3. Die Regierung ist unfähig, die notwendig gewordene Reform durchzuführen.
4. Der dritte Stand ist im 18. Jahrhundert mündig geworden, er zieht die brüchige Ordnung vor den Richterstuhl seiner Vernunft und verurteilt sie.
5. In den reich und stolz gewordenen Kaufleuten, in den Advokaten und den Literaten der Aufklärung findet die breite Masse ihre Führer.
6. Das Vorbild des amerikanischen Unabhängigkeitskampfes wirkt nachhaltig auf Frankreich.

Wie brüchig das politische und soziale Gefüge Frankreichs seit dem 15. Jahrhundert geworden ist, kann nur an ein paar markanten Einzelzügen aufgezeigt werden. Schon die Beschwerdehefte der Stände aus dem Jahre 1483 nennen die Steuern „tötlich und pestilenzialisch“ und die Art ihrer Erhebung eine „Räuberei und Plünderei“. Ebenso scharf wird die Rechtsprechung angeklagt. Von den direkten Steuern, der „Taille“, einer Grund- und Vermögenssteuer, sowie der Kopfsteuer, ist der Adel fast ganz befreit. Wenn einer doch zahlen soll, schreibt er an den Intendanten: „Ihr empfindendes Herz wird nie zugeben, daß ein Mann von meinem Rang Steuern zahlen soll wie ein Bürgerlicher.“ Der Herzog von Orléans schreibt: „Mit dem Intendanten werde ich schon fertig und zahle, was mir beliebt.“ Es gilt für die beiden ersten Stände beinahe als ehrenrührig, Steuern zu entrichten. Der erste Stand, die Geistlichkeit, zahlt überhaupt nur „freiwillige Gaben“ (dons gratuits).

Am ungerechtesten ist in ihrer ganz willkürlichen Höhe die Salzsteuer. In manchen Provinzen ist jede Person über 7 Jahre verpflichtet, jährlich 7 Pfund Salz zu kaufen. Dabei ist es damals 10mal teurer als heute. Um das Salz einer vierköpfigen Familie zu kaufen, muß der Familienvater den Lohn von etwa 19 Arbeitstagen im Jahr opfern. Ein Heer von Agenten schnüffelt nach Übertretern der 180 Verordnungen über die Salzsteuer. Wer gefaßt wird, muß hohe Strafen zahlen, wer nicht zahlen kann, wird um seinen Besitz gebracht. „Man sieht täglich, wie Leute, die kein Brot haben, gepfändet und aus dem Haus gesetzt werden.“

Noch härter drücken die Jagdprivilegien des Adels die Landbevölkerung. (Vgl. im Text die Quellen Nr. 1–3.) Die Zahl der Privilegierten betrug etwa 270000, das ist ein Prozent der gesamten Bevölkerung, 140000 Adlige und 130000 Angehörige des Klerus. 60000 Nonnen und Mönche lebten in 5000 Klöstern. An Pfarrern und Vikaren – die nicht eigentlich zum privilegierten 1. Stand gerechnet werden können, da sie hohe Steuern zu zahlen hatten – gab es 60000. Auf jede Quadratmeile und 1000 Einwohner kam eine adlige Familie in ihrem Schloß, und die Klöster standen in Zwischenräumen von nur 6 oder 7 Meilen nebeneinander. Ohne deren Speisungen wären allerdings in Notzeiten viele Bauern und Bettler verhungert. Die Prälaten verwalteten ihre Diözesen nicht selbst, sondern verzehrten ihre Einkünfte auf ihren Schlössern und in Paris. Die Seelsorge und der Gottesdienst lagen in den Händen der Pfarrer und Vikare (vgl. Quelle Nr. 4).

Die beiden oberen Stände besaßen mindestens zwei Fünftel, nach gewissen Schätzungen sogar zwei Drittel des Bodens. In Hochburgund und im Elsaß besaß allein der Klerus die Hälfte des Bodens, im Artois und in Ostflandern sogar drei Viertel. Die Geistlichkeit und der Adel erfüllten im Mittelalter Aufgaben im Staate. Der Absolutismus hatte ihnen diese zum größeren Teil genommen. Die ständischen Hoheitsrechte der geistlichen und weltlichen Herren waren verloren gegangen, geblieben waren ihnen aber ihre sozialen und wirtschaftlichen Vorrechte und ihr Besitz, den sie im Laufe der Jahrhunderte ständig vermehrt hatten, wurde vom Staat geschützt. Sie waren zu einer beschäftigungslosen Kaste geworden, die nur eifersüchtig über ihren Besitz, ihre Einkünfte und ihre Vorrechte wachte. Da Ludwig XIV. sorgfältig auf die Wahrung seiner königlichen Macht bedacht war, hatte er, um jeden Widerstand im Keim zu ersticken, den Hochadel in Versailles unter seinen Augen versammelt und ihn korrumpiert; aus der Feudalaristokratie war eine Salongesellschaft geworden, deren Hauptvergnügen das Bonmot, das Theater, der Ball, die Jagd (vgl. Quelle Nr. 5, 6 und Figaro) und das Spiel war. Bezeichnende Beispiele für die Verschwendung und Korruption des Hofes gibt es in Fülle: Marie Antoinette verlor in einer Nacht 100000 Taler, der Graf von Artois 2 Millionen, die der König bezahlte.

An die Stelle des Verdienstes war die Gunst getreten. Der Abt von Vermont schreibt 1774 an die Kaiserin Maria Theresia:

„Euere Majestät weiß besser als ich, daß seit undenklichen Zeiten drei Vierteile der Stellen, Würden und Pensionen nicht durch Verdienste, sondern durch Gunst und Einfluß erlangt werden... Ein „bon gentilhomme", der nicht mit Hofverbindungen... glänzen könnte, dürfte es nicht wagen, ein Regiment zu beanspruchen, und wären seine Verdienste noch so hervorragend. Vor 20 Jahren wurden die Söhne der Herzöge, Minister und Höflinge, die Verwandten und Schützlinge der Mätressen mit 16 Jahren Colonels. Die Bistümer und Abteien hängen noch stärker vom Einfluß ab, von den finanziellen Ämtern gar nicht zu reden. Die Justizstellen werden noch am meisten nach geleisteten Diensten verliehen, und doch spielt auch hier der Einfluß und die Empfehlung eine große Rolle."

„Als Necker sein erstes Amt antritt, findet er den Staatsschatz mit 28 Millionen allein für Pensionen belastet, und kaum ist er abgetreten, ergießt sich ein neuer Millionen-Goldregen auf die Höflinge. Unter Calonne wird die Verschwendung wahnsinnig. Man wirft dem König Geiz vor... Er wird aus seinem Geleise gebracht und beginnt zu geben, zu kaufen, zu bauen, den Höflingen zu Hilfe kommend. Um den bankrotten Guéménées beizustehen, kauft er ihnen drei Güter, die sie kurz vorher um 4 Millionen gekauft, für $12^1/_2$ Millionen ab...

Das Haus Polignac erhält ständig 700000 Franken Pensionen, das Haus Noailles solche von 2 Millionen jährlich. Bei dem Zustande des Besteuerungswesens besteht die Freigebigkeit des Monarchen auf dem Schweiße der Bauern; der König läßt durch seine Beamten den Armen ihr Brot nehmen, um den Reichen Karossen zu verschaffen." (Taine, Die Entstehung des modernen Frankreich Bd. I, S. 56/57.)

Die Staatsverwaltung war zu einer äußerst schwerfälligen und verrosteten Maschine geworden. Schon Ludwig XV. kümmerte sich kaum noch um die Staatsgeschäfte, im allgemeinen ließ er den Ministern ihren Willen. Diese regierten wie kleine Könige, häufig intrigierten sie gegeneinander. Aber sie waren auf das Wohlwollen der Mätressen oder derjenigen Clique angewiesen, die gerade das Ohr des Königs hatte. Ihr Amt führten sie manchmal nur kurze Zeit. Die Finanzminister wurden am häufigsten gestürzt, oft nach wenigen Monaten; hatten sie doch die undankbare Aufgabe, die riesigen Summen für den Hof und die Feldzüge zu beschaffen. Ludwig XV. gab für eine einzige seiner Mätressen, die Pompadour, nach heutigem Gelde etwa 200 Millionen aus. Sein Haushalt kostete ein Viertel des Staatseinkommens. Allein 383 Küchenbeamte und 103 Aufwärter benötigte der Hof; um dem König ein Glas Wasser zu reichen, waren vier Personen nötig. Der Haushalt der Prinzen, der Herzöge war entsprechend groß, er zählte zwischen 50 bis 500 Stellen vom Kammerherren bis zum letzten Lakaien. Die Schulden entsprachen dem. Der Herzog von Choiseul besaß ein Vermögen von 14 Millionen Livres, schuldete aber 10 Millionen; der Herzog von Rohan ließ sich als Gesandter in Wien zwei Karossen im Wert von 40000 Franken bauen, und als Geschenk für Marie Antionette kaufte er ein Diamantenhalsband für 1,5 Millionen Livres. Das sind nach heutigem Wert etwa 10 Millionen Mark. Die Verschuldung des Adels scheint vom König gewollt, um ihn zu korrumpieren. In vielen Fällen greift er ein und zahlt. So zum Beispiel erhält der Prinz Conti einmal 1,5 Millionen, damit er seine Schulden begleichen kann. Aber auch Pensionen dienen demselben Zweck. „Der Herzog von Orléans hatte, als er arm war und hoffnungsvoll auf eine Erbschaft wartete, eine Pension von 50000 Ecus (Taler). Als er nach dem Tod seines Vaters zu einer Rente von 3 Millionen kam, leistete er auf die Pension Verzicht. Danach machte er aber geltend, daß seine Ausgaben seine Einnahmen überstiegen, und der König bewilligte ihm seine Pension neuerdings." (Taine I, S. 48.)

Man versteht, daß Talleyrand später sagen konnte: „Wer das Leben vor der Revolution nicht gekannt hat, weiß nicht, wie süß es sein kann."

Für diese Hofgesellschaft gibt es nichts Ernsthaftes mehr, die Sitte, der Glaube werden bewitzelt, schließlich klatschte man sogar den Angriffen auf die eigene Gesellschaftsordnung Beifall, als Beaumarchais diese in seinem Lustspiel „Figaros Hochzeit" mit scharfem Witz angriff. Fühlte man sich so sicher? Der Graf von Ségur sagt: „Wir fühlten ein heimliches Vergnügen zu sehen, wie sie gegen das alte Gebäude, das uns selbst mittelalterlich und lächerlich erschien, Sturm liefen. Obgleich es unsere Stellung, unsere Vorrechte, die Reste unserer alten Macht waren, die man unter unseren Füßen abgrub, so gefiel uns dieser Krieg doch. Wir spendeten... dem kühnen Wirken unserer Literaten Beifall."

Daß dieser Angriff erfolgte, war das Resultat einer langen Entwicklung: der dritte Stand war mündig geworden. Jahrhundertelang hatten Bauer und Bürger die schlimmen Zustände ertragen, Revolten hatte es gegeben, doch keine Revolution. Der Haß gegen das régime war maßlos, entlud sich aber 300 Jahre lang nur in Aufständen. Nun war der Bürger seiner Macht bewußt geworden. Voltaire, der selbst durch den Geheimbefehl eines königlichen Beamten nach einem Streit mit einem Adligen in die Bastille wandern mußte, prophezeite: „Ich beobachte seit 1764 die Keime der Revolution, die unabwendbar kommen wird." Das Jahr 1789 besiegelte seine Worte. Das stolze reiche Bürgertum empfand es als erniedrigend, daß der alte Adel die Kluft zwischen sich und dem neuen Geldadel nicht schließen wollte, obwohl die großen Leistungen des Jahrhunderts bürgerliche waren (Corneille, Racine, Molière, Colbert).

Noch gefährlicher wurden dem Ancien régime die Schichten der Advokaten, Justizbeamten und Notare. Sie führten ein verhältnismäßig leichtes Leben, hatten viel freie Zeit und wußten in der Philosophie ihrer Epoche einigermaßen Bescheid. Von dem Militär- und Beamtenadel, der sie des Verkehrs nicht würdigte, oft gedemütigt und durch die Ungerechtigkeiten in der Besteuerung in ihren Interessen geschädigt, waren sie bereit, sich gegen Vorrechte der beiden ersten Stände und gegen die Ungleichheit der Gesetze zu erheben. Sie vor allem waren es, die die Revolution herbeisehnten. Bald sollten sie ihre Führer werden (vgl. Quelle Nr. 7).

Ein aufwühlendes Beispiel für den Bürger war der Aufruhr der oberen Stände gegen das Königtum. Besonders die Parlamente, die hohen Gerichtshöfe, trotzten ständig der gesetzgebenden Gewalt des Königs. Indem sie sich immer wieder auf das Recht der Parlamente und Generalstände zur Überprüfung königlicher Beschlüsse beriefen, bereiteten sie die Idee der „Volkssouveränität" vor. Aber sie verteidigten gleichzeitig ebenso hartnäckig jedes ihrer eigenen Privilegien. Wenn die Krone gegen sie mit Haftbefehlen vorging, protestierten sie wütend gegen den „Despotismus". So schärften Parlamente und Advokaten, Philosophen und Literaten ihre Waffen seit einem Jahrhundert gegen das régime; ihnen erwuchs seit 1773 am Beispiel Amerikas ein unschätzbarer Bundesgenosse. Zwar wirkte der Unabhängigkeitskampf auf die Gebildeten aller Länder, aber auf keines so stark wie auf Frankreich. Hatte doch Frankreich den aufständischen Kolonisten seine Unterstützung geliehen; nur mit Hilfe der französischen Regierung siegten die Rebellen. Adlige, zum Beispiel Lafayette, gingen hinüber, Spekulanten wie Beaumarchais finanzierten mit 2 Millionen des französischen und spanischen Staates die amerikanische Flotte. Die französische Krone beging so aus alter Feindschaft gegen England eine Art Selbstmord. Denn die Freiheitskämpfer hatten in der Neuen Welt nicht nur die neuen Ideen kennen gelernt, sondern auch noch einen wertvollen Anschauungsunterricht erhalten.

Die Generalstände

(Einleitung zu den Kapiteln Die Wahlen, Der Umzug und Die erste Sitzung. Seite 27ff des Schülerheftes.)

An der Spitze des mittelalterlichen Staates steht zwar der Fürst, seine Rechte sind aber eingeschränkt durch die Stände. Diese haben besonders bei der Erhebung der Steuern ein gewichtiges Wort mitzusprechen. Seit dem 16. Jahrhundert beginnen die Fürsten, die Stände zurückzudrängen. In Frankreich waren sie zudem – anders als in England – nie besonders stark gewesen. Übten sie aber auch nur eine beratende Funktion aus, so wurden sie dem an Macht wachsenden französischen Königtum doch unbequem. Schon nach dem Hundertjährigen Krieg, etwa seit der Mitte des 15. Jahrhunderts, berufen die Könige sie möglichst selten, und seit 1614 überhaupt nicht mehr. Erst der drohende Staatsbankrott des Jahres 1788 macht eine Einberufung notwendig, da alle anderen Versuche einer Steuerreform, die die Staatskassen wieder füllen soll, scheitern. Die Privilegierten fordern die Einberufung der Generalstände, weil sie hoffen, diese würden die Rechte des Königs einschränken. Adel, hoher Klerus und die Parlamente sind sich darin einig. Um ihre Vorrechte auch bei der neuen Steuerreform zu wahren, fordern sie eine Besetzung wie 1614. Damals war nach Ständen abgestimmt worden, jeder Stand besaß eine Stimme. Necker hofft, daß er mit Hilfe des Dritten Standes die beiden anderen zu den neuen Steuern heranziehen kann und schlägt ein „doublement du tiers", die Verdoppelung der Abgeordneten des Dritten Standes, vor. Aber Necker wagt nicht, die Konsequenzen aus der Verdoppelung zu ziehen. Das doublement hätte nur dann Erfolg gehabt, wenn er damit die Abstimmung nach Köpfen oder die Teilung der Generalstände in zwei Kammern (Ober- und Unterhaus) verbunden hätte. Gegen die erste Lösung erheben sich schon vor der Wahl heftige Stimmen, deshalb scheut Necker davor zurück. Zur zweiten Lösung ringt er sich erst durch, als der Dritte Stand sich bereits selbst zur Nationalversammlung erklärt hat. (Vgl. die Einleitung zu den Stücken „Die Nationalversammlung" und „Die Kraftprobe".)

Die Nationalversammlung

(Einführung zu den Kapiteln Mirabeau und Sieyès und Der Schwur im Ballhaus. Seite 30 bis 32 des Schülerheftes.)

Der Dritte Stand drängte in der Folgezeit rasch zu einer revolutionären Lösung. Eine Formfrage gab den Anstoß zur Auseinandersetzung mit den beiden anderen Ständen: Die Prüfung der Vollmachten der Abgeordneten. Adel und Klerus beschlossen, ihre Vollmachten allein zu prüfen, der Dritte Stand forderte gemeinsame Überprüfung, d. h. die Vereinigung der Stände. Damit aber wurde ein gefährlicher Punkt berührt. Der Dritte Stand war den beiden anderen Ständen an Stimmen fast gleich, da Necker ihm 557 Abgeordnete zugestanden hatte, um sich beim Volk populär zu machen. (Adel und Klerus zusammen: 561 Abgeordnete.) Diese Maßnahme wäre nur dann sinnvoll gewesen, wenn Necker gleich bei der Einberufung eine Tagung in zwei Kammern (Unter- und Oberhaus) festgesetzt hätte, wie er es in seinem Plan für den 23. Juni vorschlug. Da dies versäumt wurde, lag es nahe, daß der Dritte Stand versuchen würde, auf gemeinsame Beratung und auf Abstimmung nach Köpfen zu drängen. Mit den Überläufern aus den beiden anderen Ständen wäre ihm die Majorität sicher gewesen. Necker trifft so durch seine halben Maßnahmen nicht geringe Schuld am Ausbruch der Revolution. Vermittlungsversuche der Regierung scheiterten. Nach stürmischen Debatten konstituierte sich der Dritte Stand als Nationalversammlung. Dabei ist zu beachten, daß diese erste Versammlung (Constituante) noch keine Republik forderte, sondern am Königtum festhielt. Aber die Art ihres Vorgehens, ihr Pochen auf die „Volkssouveränität" ließ den Weg zur Volksdiktatur und Republik ahnen. Mit prophetischer Hellsichtigkeit erkannte dies Mirabeau. Er wollte keinen radikalen Bruch mit der Vergangenheit; auch er dachte an eine Staatsreform, aber mit einem starken Königtum als Gegengewicht gegen eine Volksherrschaft, von der ein Großteil der Versammlung mit Rousseau annahm, daß sie stets zum Besten des Staates ihre Entscheidungen treffe. In dem Streit zwischen Mirabeau und Sieyès, hinter dem die Mehrheit der Versammlung steht, offenbart sich der Kampf um ein Prinzip: das der schrankenlosen Volkssouveränität, wie es Rousseau aufgestellt hat. Rousseau sieht in der Entwicklung der Menschheit zur Kultur einen Irrweg. Der Naturzustand des Menschen vor aller kulturellen Differenzierung ist ihm darin gegeben, daß der Mensch ohne gesellschaftliche Bindung frei seinen einfachen natürlichen Bedürfnissen lebt. „Alle Kultur ist Arbeitsteilung, sie entwickelt notwendig eine Ungleichheit der

Menschen, und in dieser Ungleichheit liegt der Ursprung allen Übels." – Im „Contrat social" erkennt Rousseau die soziale Ungleichheit, diejenige des Besitzes und des Berufs, als eine unabänderlich gewordene Tatsache der Kultur an, und er sucht nachzuweisen, daß das einzige Korrektiv dafür in einer absoluten Rechtsgleichheit bestehe, vor der alle Standesunterschiede verschwinden. Der Staat soll in der Kultur die Forderung der Natur wieder zur Geltung bringen.

Das Kernstück des „Contrat social" ist die Lehre vom allgemeinen Volkswillen (Volonté générale). In diesem wird die Souveränität des Volkes sichtbar. Durch den Gesellschaftsvertrag haben sich alle Einzelnen zu einem „geistigen Gesamtkörper" zusammengeschlossen. Rousseau nennt diesen auch den Staatskörper oder die Republik. „Die Gesellschaftsgenossen... nennen sich als Teilhaber der höchsten Gewalt Staatsbürger und im Hinblick auf den Gehorsam, den sie den Staatsgesetzen schuldig sind, Untertanen." Jeder einzelne ist also gleichzeitig Glied des Staatsoberhauptes (d. i. das Volk in seiner Gesamtheit) und Untertan. Der Volkswille kann nie etwas anderes im Auge haben als das allgemeine Wohl. (Ebenso wie ein natürlicher Körper selbstverständlich immer das Bestreben hat, seine Gliedmaßen zu kräftigen.)

Der allgemeine Wille ist immer gerecht. „Daraus folgt jedoch nicht, daß Volksbeschlüsse immer gleich richtig sind. Man will stets sein Bestes, sieht jedoch nicht immer ein, worin es besteht. Das Volk läßt sich nie bestechen, wohl aber hinter das Licht führen, und nur dann scheint es Böses zu wollen." (II, 3)

Das heißt, der Volkswille kann sich über das, was seinem wahren Wohl dient, täuschen, oder er kann getäuscht werden von Übeltätern oder von solchen, die selbst blind sind. Also kann sich auch die Majorität irren, nämlich dann, wenn deren Mitglieder nur ihr – fasch verstandenes – Privatinteresse im Auge haben oder ein Gruppeninteresse. Sondergesellschaften und Parteien sind deshalb von Übel. Da das richtig verstandene Privatinteresse sich mit dem Allgemeinwohl deckt, ist es besser, wenn jeder allein mit sich selbst zu Rate geht. Einen besonderen Platz im Denken Rousseaus nimmt die Lehre von der „vertu" ein. Wer moralisch gut ist, das heißt, wer die „vertu" besitzt, ist wahrhaft frei. Nur er zählt zum Volk und darf in politischen Entscheidungen mitwirken. Wer aber entscheidet über die moralische Qualität? Offenbar diejenigen, die seiner, Rousseaus, Meinung sind. Also sind seine Gegner moralisch korrupt. So denken auch seine Jünger, Robespierre zum Beispiel, für den der politische Gegner angefault oder böse ist und deshalb unschädlich gemacht werden muß.

Sogar die Mehrheit kann von dieser moralischen Korruption verseucht sein. Dann ist es die Aufgabe der tugendhaften Minderheit, mit allen Mitteln der Gewalt das „Gute" wiederherzustellen. Die Tugendhaften werden somit jeden „Übeltäter", d. h. den „unfreien" Egoisten, zur „wahren" Freiheit zurückführen, sie werden den schlummernden, tugendhaften Bürger in ihm wecken oder – ihn vernichten.

Robespierre gründet seine „Reinigungen" auf die berühmten Worte seines Meisters: „Das (d. h. der Zwang zum Gehorsam gegenüber dem allgemeinen Willen) hat keine andere Bedeutung, als daß man ihn zwingen werde, frei zu sein."

Größeren Staaten gesteht Rousseau ein Königtum zu. Aber der König ist – wie jede andere Regierung auch – nur Beauftragter der volonté générale und jederzeit absetzbar. Auch Sieyès ist ein Jünger Rousseaus. Für ihn gehören zu den Übeltätern im Staat die beiden ersten Stände. In seiner Wahlbroschüre „Was ist der Dritte Stand?" nennt er sie den Giftstoff im kranken Körper Frankreichs. „Ihn muß man unschädlich machen, wenn Frankreich gesunden soll. Der Dritte Stand allein, sagt man, kann keine Generalstände bilden. Um so besser, dann wird er eine Nationalversammlung sein." Mirabeau äußert sich in bitteren Worten über die Schüler Rousseaus. Er nennt sie „Metaphysiker", denn sie richteten ihr Handeln nach abstrakten philosophischen Spekulationen, ohne Rücksicht auf realpolitische Erwägungen.

Am 17. Juni fällt in der Sitzung des Dritten Standes die Entscheidung gegen Mirabeau. Dieser Tag sieht den ersten und entscheidenden Schritt der Revolution.

Die Kraftprobe

(Seite 33 f des Schülerheftes)

Wollte man die Bewegung noch aufhalten, so bedurfte es eines festen Auftretens. Die Pläne Neckers und des Königs sahen Reformen vor. Aber Necker kapitulierte vor dem Hof, der König vor der Versammlung. Der Plan Neckers schlug ein vom König oktroyiertes Staatsgrundgesetz vor. Zwei Kammern, die über allgemeine Angelegenheiten (Steuern) gemeinsam beraten und darüber nach Köpfen abstimmen. Ehrenprivilegien und an den Lehen haftende Rechte gehören nicht zu den allgemeinen, gemeinsam behandelten Angelegenheiten. Sitzungen unter Ausschluß der Öffentlichkeit. Einrichtung von Provinzialständen. Abschaffung der „Lettres de cachet" (der geheimen Verhaftungsbefehle).

Die Erklärung des Königs vor den Ständen enthielt u. a.: die Beibehaltung der Einteilung in drei Stände. Wenn diese sich vereinigen wollen, so erlaubt es der König, „nur für dieses eine Mal und nur für die allgemeinen Angelegenheiten". Darunter fallen nicht: Die besonderen Rechte der drei Stände, die Festsetzung des Zusammentrittes der nächsten Versammlung der Stände, das feudale Eigentum, Geld- oder Ehrenprivilegien. Die Reformen, die der König als „Wohltaten" bezeichnet sind folgende: Veröffentlichung des Finanzberichtes, Steuerbewilligungsrecht, Kontrollrecht über die Ausgaben, Aufhebung der Steuerbefreiung, Abschaffung der „Lettres de cachet", Aufhebung der Hörigkeit, der Fronarbeiten für den Wegebau, Pressefreiheit, Zulassung der Bürgerlichen zu allen Ämtern, außer in der Armee, Herabsetzung der indirekten Steuern. Die Zugeständnisse des Königs waren ohne Zweifel groß. Aber er kleidete sie in die denkbar ungeschickteste Form. Der Dritte Stand, der sich sechs Tage zuvor als Nationalversammlung erklärt hatte, hörte nur das „Ich will", „Ich befehle" des Königs und seine Erklärung, daß er sie als Nationalversammlung nicht anerkenne. Mirabeau beklagte den Ton des Königs, dadurch wäre die Wirkung der Reformvorschläge verpufft. Nüchterne ausländische Beobachter wie der Amerikaner Jefferson, der Engländer Young bedauerten, daß der Dritte Stand „Wertvolle sichere Güter den Zufällen des Schicksals preisgab". Aber waren es wirklich sichere Güter, die da angeboten wurden? Der König versprach die Aufhebung der „Toten Hand"; aber gleichzeitig erklärte er deutlich, daß die feudalen Gerechtsame Eigentum des Adels und der oberen Geistlichkeit bleiben sollten, so z. B. der Grundzins, die Abgaben von den Feldfrüchten, die Arbeitsleistung für den Grundherren. Welche Privilegien gaben die ersten Stände wirklich auf? Der König regte die Beseitigung der Steuerfreiheiten an, aber ausdrücklich stellte er die Bedingung, daß Adel und Klerus sich damit erst freiwillig einverstanden erklären müßten. Würden sie das tun? Die Bürger zweifelten daran nach den Erfahrungen, die sie gemacht hatten. So nahmen sie die Worte des Königs für Phrasen. Es gingen Gerüchte um, daß die Bischöfe und der Hofadel den König beschworen hätten, die Generalstände wieder nach Hause zu schicken und Necker zu entlassen. Und tatsächlich hatten auch der Erzbischof von Paris und der Kardinal Larochefoucauld den König auf den Knien gebeten, die alte Verfassung zu schützen, und eine geheime Deputation der Parlamente hatte die Entlassung des radikalen Finanzministers gefordert. Besonders verdächtig schien es den Bürgern, daß die Hauptstraßen und Brücken, selbst die Gänge im Hause des Sitzungssaales vom Militär besetzt waren.

Hätten die beiden Pläne das Land vor der Revolution bewahren können, wenn die Regierung sie fest vertrat?

Die Geschichte hat diese Frage unbeantwortet gelassen, da der König durch seine schwankende Haltung faktisch seine Erklärungen wirkungslos machte. Er selbst hat wohl an die Fruchtbarkeit dieses seines Programmes geglaubt. Vor seiner Flucht hat er es noch einmal überarbeitet, um es als Grundlage seines Gegenschlages zu benutzen.

Der Sturm auf die Bastille (14. Juli 1789)

(Seite 35 ff des Schülerheftes.)

Von dem schwankenden König war kein entscheidender Entschluß zur Eindämmung der Revolution zu erwarten. Bezeichnend für ihn ist ein Wort des Ministers Montmorin: „Die Ereignisse scheinen ihn überhaupt nicht zu berühren. Wenn man mit diesem trägen

Wesen über politische Fragen spricht, könnte man meinen, es handele sich um Dinge, die den Kaiser von China angehen." Und der Engländer Young bemerkte: „Die Nonchalance und der Stumpfsinn, die bei Hofe herrschen, sind beispiellos. Der jetzige Moment würde große Tatkraft erfordern, aber der König geht auf die Jagd, obwohl man darüber verhandelt, ob er König von Frankreich bleiben oder Doge von Venedig werden soll." (Damit zielt Young auf die Verfassung Venedigs.) Der schwerfällige Mann war ein Spielball seiner nächsten Umgebung, der Kreise um seinen Bruder, den Grafen von Artois, und um die Herzogin von Polignac.

Necker, der Minister des Königs, ließ deutlich durchblicken, daß er mit der königlichen Erklärung vom 23. 6. nicht einverstanden war, und ließ sich dafür vom Volke feiern. Der König mußte sich von ihm verraten fühlen. Als nun noch an zwei Stellen die Truppen sich weigerten, Unruhen zu unterdrücken, kapitulierte der König am 27. 6. vor der Nationalversammlung: er befahl die Vereinigung der Stände. Der Dritte Stand hatte gesiegt. Ein Versuch der Regierung, Truppen in einem Lager zusammenzuziehen, scheiterte an deren Unzuverlässigkeit und Disziplinlosigkeit. Dieser Plan trug lediglich dazu bei, den Agitatoren in Paris Stoff zu liefern. Um der Unruhen in der Hauptstadt Herr zu werden, hatte man am 13. 7. aus den Reihen des Mittelstandes eine Nationalgarde gebildet. Als Abzeichen trug sie die blau-weiß-rote Kokarde. (Blaurot = Stadtfarben von Paris; da dies auch die Farben des Hauses Orléans waren, fügte man auf Vorschlag des monarchisch gesinnten Lafayette das Weiß der bourbonischen Lilie hinzu.)

Neben der militärischen Gewalt bemächtigte sich das Volk von Paris auch der Stadtverwaltung: Der Magistrat des Königs wurde durch einen neuen ersetzt. Am 11. 7. wurde Necker auf Betreiben der Hofkamarilla entlassen. Gerüchte gingen um, die von einem bevorstehenden Angriff auf Paris durch königliche Truppen sprachen. Desmoulins rief im Palais Royal der Menge zu: „Die Entlassung Neckers ist die Sturmglocke einer Bartholomäusnacht der Patrioten! Die Bataillone der Schweizer und Deutschen werden uns heute noch den Garaus machen. Nur ein Ausweg bleibt uns: Zu den Waffen greifen!" So erfolgte am 14. 7. der Sturm auf die Bastille Eine Abteilung Soldaten, die in die alte Festung zog, lenkte die Aufmerksamkeit der Menge dorthin.

Die Einnahme der Bastille war die zufällige Tat einer rasend gewordenen Menge. Jedoch muß man hinzufügen, daß der 14. Juli ein entscheidendes Ereignis ist. Entscheidend nämlich durch die politischen Folgen des Sturmes.

Am 15. Juli schlägt man dem König vor, Paris einen Besuch zu machen. Er willigt ein, macht sein Testament, beichtet und fährt in einem einfachen Wagen in die Hauptstadt. Diese hat sich selbst einen neuen Bürgermeister gegeben und Lafayette, der mit Washington bei Yorktown über die Engländer gesiegt hat, zum Kommandanten der neuen Nationalgarde gewählt. Ludwig bestätigt beide Wahlen und zeigt sich auf dem Balkon des Rathauses dem Volk. Rechts neben ihm steht der revolutionäre Bürgermeister, links der Mann, der den rebellierenden amerikanischen Kolonisten zu Hilfe geeilt ist. Des Königs Hut schmücken die neuen Farben der Nation, er trägt die blau-weiß-rote Kokarde.

Der jüngere der beiden Brüder des Königs, der Graf von Artois, die Prinzen Condé und Lambesc und die Gräfin Polignac verlassen Frankreich am Morgen des gleichen Tages, an dem der König nach Paris fährt. Die Emigration des Hochadels beginnt. Die Bastille aber wird niedergerissen, und ihre Steine werden als Andenken an den Sieg des Pariser Volkes verkauft. In den Augen der Pariser war die Bastille ein Symbol des Absolutismus, das Staatsgefängnis. „Ganz Europa haßte die Bastille. Tyrannei und Bastille waren in allen Sprachen zwei Wörter für die gleiche Sache." (Michelet)

Als die Kunde von der Einnahme nach Petersburg kam, sanken sich die Leute vor Freude weinend in die Arme: „Die Bastille ist genommen, wie soll man da nicht vor Freude weinen!"

Die politischen Folgen des Tages, der heute noch Nationalfeiertag Frankreichs ist, waren schwerwiegend. Die Erhebung wurde nachgeahmt. Viele Städte gaben sich gleichfalls eine neue Behörde. Die Bauern stürmten die Schlösser. Adel und Klerus verzichteten nach diesem „Brand der Schlösser" in der Nacht vom 4./5. August auf ihre Vorrechte.

Der Marsch nach Versailles

(Seite 40f des Schülerheftes.)

Dem Beispiel der Pariser folgte ganz Frankreich. Die Städte wählten Gemeinderäte, überall bildeten sich Kompanien von Bürgersoldaten, die „Nationalgarden". Die Bauern stürmten die Schlösser, suchten in deren Ämtern nach den Urkunden, die ihre Abgaben und Dienste für den Gutsherrn festlegten, und verbrannten sie. Der erschreckte Adel begann ins Ausland zu fliehen. Die Nationalversammlung hob die Vorrechte des geistlichen Standes und des Adels auf. Es gab jetzt keine Leibeigenschaft mehr und keine Gerichtsbarkeit des Gutsherrn. Dessen alleiniges Jagdrecht wurde aufgehoben. Adel und Geistlichkeit hatten dieselben Steuern zu zahlen wie der Dritte Stand. Alle Bürger waren zu allen Ämtern in Staat und Heer zugelassen. Verkauf und Kauf eines Amtes wurde verboten. Alle Pensionen, die nicht durch Recht oder Arbeit erworben waren, wurden abgeschafft. Alle Zehnten und alle Frondienste sollten beseitigt werden. Die Nationalversammlung bestimmte aber, daß diese Abgaben und Dienste so lange weiter geleistet werden sollten, bis eine genaue Regelung getroffen worden sei. Der König verweigerte diesen Beschlüssen seine Zustimmung. Am 27. August beschloß die Versammlung die „Erklärung der Menschenrechte". Die wichtigsten dieser Rechte waren folgende:

1. Die Menschen werden frei und an Rechten gleich geboren und bleiben es.
2. Die natürlichen Rechte der Menschen sind: Freiheit, Eigentum, Sicherheit und Widerstand gegen Unterdrückung.
3. Der Urquell aller Souveränität ist die Nation.
4. Die Freiheit besteht darin, daß man alles tun darf, was keinem anderen schadet.
5. Das Eigentum ist ein unverletzliches und heiliges Recht. Niemand kann desselben beraubt werden, außer wenn die öffentliche gehörig erwiesene Not es augenscheinlich fordert, und nur unter der Bedingung einer im voraus zu bestimmenden Schadloshaltung.

Auch dieser Erklärung verweigerte der König seine Zustimmung.

Da die Schulden des Staates nicht gedeckt werden konnten, wurde der Staatsbankerott erklärt. Viele Betriebe schlossen ihre Pforten. In Paris stieg die Zahl der Arbeitslosen stark an. Die Bauern lieferten kein Mehl und Fleisch mehr in die Stadt, bald waren die Preise für die Ärmeren unerschwinglich.

Die Flucht des Königs

(Seite 43ff des Schülerheftes)

Trotz der zweideutigen Haltung Ludwigs XVI. waren die meisten Mitglieder des Dritten Standes noch immer für die Monarchie, deren absolute Macht sie allerdings einschränken wollten. Selbst der Klub der Jakobiner lehnt in seiner Mehrheit eine Republik ab. Doch bleibt man mißtrauisch gegen den König. Gerüchte laufen um, er wolle fliehen. In der Tat hat er Verbindungen angeknüpft mit den Emigranten sowie mit Joseph II. und Leopold, den Brüdern Marie Antoinettes. Die Mitglieder der königlichen Familie fühlen sich in den Tuilerien als Gefangene. Volk und Nationalgardisten hatten es z. B. am Ostertag 1790 verhindert, daß der König nach St. Cloud ging, um dort die Messe zu hören und zu beichten. Die Beschlüsse vom 5. August 1789 und die Erklärung der Menschenrechte hat er nur widerwillig anerkannt. Der Eid der Priester auf die neue Kirchenverfassung bringt ihn in Gewissensnöte, da der Papst dagegen ist. Als er diesen Eid unter dem Druck der Nationalversammlung anerkennen muß, sagt er: „Unter diesen Bedingungen möchte ich lieber König in Metz sein als in Frankreich." Er hält an seinen alten Vorstellungen vom Recht der Könige ebenso zäh fest wie an seiner Vorliebe für die Jagd und die Schmiede. Nichts kann ihn aus seinen Gewohnheiten reißen, Mahlzeiten wie Messezeiten sind nach einem Stundenplan festgelegt. Furcht vor der Nationalversammlung empfindet er nicht – er fühlt sich als den Gesalbten des Herrn, heilig und unverletzlich – aber er kann deren Druck nicht mehr ertragen. Deshalb entschließt er sich zum ersten und letzten Mal in seinem Leben zu einer Tat. Er will a n die Ostgrenze fliehen, wenn nötig ü b e r die Grenze in die österreichischen Niederlande. Der Fluchtplan ist lange erwogen worden. Aber die Truppen des Generals Bouillé, die die Flucht decken sollen, sind nicht sicher, die Bauern sind aufsässig, da sie die Feudalrechte, deren Abschaffung am 4. und 5. August 1789 beschlossen worden war, unter den härtesten Bedingungen ablösen müssen. Danach soll der Bauer, der die Ablösung vornimmt, alle Geldabgaben, Dienstleistungen und Naturallasten auf einmal bezahlen. Das bedeutet in den meisten Fällen, daß die Ablösungssumme eines Hofes ein Drittel seines Wertes ausmacht. Woher kann der Bauer soviel Geld nehmen? Ratenzahlungen sind nicht gestattet. Die Bauern verlieren zahllose Prozesse um die Ablösung. Sie sehen die Freiheit ihres Grund und Bodens dicht vor sich und können sie nicht verwirklichen.

Eine Gemeinde der Dauphiné schreibt deshalb an die Nationalversammlung in Paris: „Die in Aussicht gestellte Wohltat ist gleich Null, und die schöne Hoffnung des Volkes ist eine Seifenblase.“ Als man den Bauern des Périgord den Sinn der neuen Gesetze erklärte, sagten sie: „Zahle, zahle, armer Bauer!“ Auch die Gutwilligen, die meinten: „Wenn unser guter König das wüßte, würde er das nicht zulassen!“ erkennen jetzt, daß der König es mit dem Adel und dessen alten Vorrechten hält.

So gärt es im Volk, besonders im Osten, da über die Grenze vom Rhein her die Drohungen der ausgewanderten Adligen schallen.

Und durch diese Provinzen soll die Flucht des Königs gehen. Im Dezember 1790 bestellt Graf Fersen, der Günstling der Königin, die Berline, eine große Reisekutsche. Marie Antoinette selbst läßt umfangreiche Koffer anfertigen. Mit dem General Bouillé in Metz wird geheim verhandelt, er soll die Truppen für den König bald bereitstellen, und in den österreichischen Niederlanden warten verschiedene Regimenter. Der russische Gesandte stellt – auf Katharinas Vermittlung hin – Marie Antoinette einen Paß aus. Sie reist als russische Baronin von Korff. Man wählt für die Abreise die Nacht des 19. Juni 1791. Bouillé richtet alles für diesen Termin ein. Aber man verschiebt die Flucht um einen Tag. Die königliche Familie hat es nicht allzu eilig. Einer der beiden Brüder des Königs, der Graf von Provence, flieht in der Nacht des 19. Juni mit leichtem Gepäck, in kleinen und schnell fahrenden Kutschen. Er kommt ohne Zwischenfall über die belgische Grenze.

Die Folgen der Flucht des Königs sind zunächst unabsehbar. In den ersten Tagen nach der Rückkehr drehen sich alle Überlegungen der Abgeordneten und der politischen Klubs um die Bestrafung des Königs. Die „Konstituante“, in der die Gemäßigten noch die Mehrheit haben, bestimmt, daß Ludwig auf dem Thron bleiben, aber seine Rechte vorläufig nicht ausüben darf. Aber gleichzeitig schreibt ein Journalist: „Wenn es wahr ist, daß die Österreicher die Maas überschritten haben, daß an den Grenzen das Blut von Franzosen fließt, dann muß Ludwig seinen Kopf auf dem Schafott verlieren.“ Über diese Frage spaltet sich der Dritte Stand. In der neugewählten „Gesetzgebenden Versammlung“ siegen vorerst die gemäßigten Girondisten, die Freunde Barnaves. Lafayette läßt sogar die Nationalgarde auf die Mitglieder des radikalen Klubs der „Cordeliers“ schießen, die 50 Tote beklagen. Sie haben die Absetzung des Königs verlangt. Danton, der Mitglied dieses Klubs ist, flieht für einige Zeit ins Ausland. Der Klub der bisher gemäßigten Jakobiner wird gesprengt. Die Mehrheit unter Barnave verläßt ihn, da Robespierre energisch für Danton eintritt, und gründet im Kloster der „Feuillants“ einen neuen Klub. Barnave verteidigt feurig die Monarchie, seitdem er auf der Fahrt nach Paris gesehen hat, mit welcher stolzen Fassung die Königin ihr Unglück trägt. Allerdings ahnt er nicht, wie Marie Antoinette über ihn denkt. Sie schreibt an ihren Vertrauten Fersen, daß die Menschen, die ihr und dem König ihre Anhänglichkeit beteuern, eine „häßliche Menschenrasse“ seien, die ihnen stets nur Böses angetan hätte.

Ludwig beschwört zwar die Verfassung vom 12. Sept. 1791, er ist nun wieder König; aber in seinem Inneren lehnt er sie ab. Diese Verfassung hatte zwar keine lange Dauer, wurde aber später Vorbild der Entwicklung auf dem Kontinent. Sie sah eine Kammer vor, die die gesetzgebende Gewalt ausübte. Alle zwei Jahre sollte sie als Nationalversammlung vom Volk nach einem Wahlrecht gewählt werden, das an den Besitz gebunden war. Wählen konnte nur, wer einen solchen im Wert von mindestens 150 Arbeitstagen besaß. Dem Könige stand gegen die Beschlüsse der Versammlung ein aufschiebendes Veto zu. Beschloß das Parlament das Gesetz auch in der dritten Legislaturperiode, so trat es in Kraft. Die Exekutive war dem König und den von ihm ernannten Ministern übertragen.

Doch wurde sie in der Innenpolitik stark eingeschränkt durch die Tätigkeit der vom Volk gewählten Beamten in den neu errichteten 83 Departements. Die richterliche Gewalt war vom König unabhängig. Das Volk wählte auf eine gewisse Zeit die Richter, die dem Juristenstand angehören mußten. Die Kabinettsjustiz des Königs verschwand also.

Die Kämpfe um die Verfassung waren Jahre hindurch erbittert geführt worden. Zwei Hauptgruppen standen sich gegenüber: die Anhänger der englischen Verfassung, die zwei Kammern und das absolute Veto für den König forderten, und die radikalere Gruppe um Lafayette, Sieyès und Barnave, die eine Kammer vorschlugen und dem König jedes Vetorecht verweigerten. Die Verfassung beruht auf einem Kompromiß zwischen den beiden Gruppen.

Auch die Formulierung der Menschenrechte wurde heftig diskutiert. Lafayette brachte einen Entwurf ein, den Jefferson durchgesehen und korrigiert hatte. Sieyès Vorschläge dagegen wollten der besonderen französischen Situation Rechnung tragen. Wie stark das Interesse gerade an diesen Grundsätzen war, geht schon aus der Tatsache hervor, daß mehr als 50 Entwürfe eingereicht wurden.

Als Grundrechte sind in der Verfassung u. a. genannt:

1. Alle Staatsbürger werden zu Ämtern und Diensten zugelassen ohne einen anderen Unterschied als den ihrer Würdigkeit und ihrer Begabung.
2. Alle Abgaben werden auf alle Staatsbürger gleich und im Verhältnis ihres Vermögens verteilt.
3. Die gleichen Verbrechen werden mit den gleichen Strafen belegt, ohne Unterschied der Person.
4. Jeder Mensch hat die Freiheit, zu reden, zu schreiben, zu drucken und den Gottesdienst auszuüben, dem er anhängt.
5. Alle Staatsbürger haben die Freiheit, sich ruhig und unbewaffnet zu versammeln, solange sie die Vorschriften der Polizei befolgen.

Das Scheitern der Flucht hat auch die europäischen Kabinette alarmiert. Kaiser Leopold hat mit Vergeltung gedroht, wenn man seinen Schwager und seine Schwester verfolgen würde. Die Emigranten, geführt von den Brüdern des Königs, den Grafen von Provence und Artois, schüren das Feuer gegen das neue Frankreich. Aber die Herrscher Preußens, Österreichs und Schwedens, die zwar ein Übergreifen der revolutionären Ideen auf ihre Länder befürchten, zögern noch, gegen Frankreich vorzugehen. Doch breitet sich überall eine Kriegspsychose aus. Und schließlich wird auch der Wille zum Kriege auf beiden Seiten stärker. Brissot, einer der Führer der Gemäßigten neben Barnave (man nennt sie nicht nur nach ihrem Klublokal „Feuillants“, sondern auch „Girondisten“, da viele ihrer besten Köpfe aus der Gironde kommen), will der Bedrohung des revolutionären Frankreich durch die „alten Mächte“, Österreich und Preußen, zuvorkommen. Er will die Idee der Revolution über Europa ausbreiten. „Das Bild der Freiheit“, so ruft er der Versammlung zu, „wird wie das Haupt der Medusa die Armee der Feinde erschrecken. Die Völker lieben die Revolution, die Fürsten allein hassen sie.“

Das Königspaar wünscht den Einmarsch österreichischer und preußischer Truppen, um die alten Zustände wiederherzustellen. Marie Antoinette schreibt an einen Vertrauensmann: „Die Mächte müssen uns zu Hilfe kommen.“ Die Kriegserklärung erfolgt durch Barnaves und Brissots Freunde im Ministerrat. Der König gibt seine Zustimmung. Darauf marschiert ein kleines Bundesheer unter dem Herzog von Braunschweig in Frankreich ein. Bei diesem Heer befinden sich auch der Herzog Karl August von Sachsen-Weimar und Goethe. Der Braunschweiger droht in einem Manifest, die Verbündeten würden für jede Beleidigung, für jedes Vorgehen gegen die königliche Familie Rache nehmen, an die man ewig denken werde. „Alle Mitglieder der Nationalversammlung, der Gemeindeverwaltungen, die Richter, die Nationalgarden sind mit ihrem Kopf haftbar, daß den Majestäten nicht das Geringste geschieht. Jedes Dorf, das Widerstand leistet, wird niedergebrannt.“

Die Antwort der Pariser ist der Sturm auf die Tuilerien (10. August). Die Schweizer werden niedergemetzelt, die königliche Familie im Temple gefangengesetzt. Danton entfesselt die Leidenschaften des Volkes gegen die „Vaterlandsverräter“, d. h. gegen die

Verdächtigen, die man in die Kerker geworfen hat. Die Wut entlädt sich in den „Septembermorden“, tausend Menschen werden in den Gefängnissen umgebracht. Unter dem Eindruck dieser Ereignisse finden die Neuwahlen zur 3. Nationalversammlung statt; im „Konvent“ sitzen nur wenige Königsfreunde, die radikalen Jakobiner sind die Sieger, Robespierre, Danton, Marat, St. Just.

Die „Kanonade von Valmy“ bringt die Wende des Krieges. Der Herzog von Braunschweig tritt den Rückzug an, nur Reste des Heeres erreichen deutschen Boden. Am Abend der Schlacht sitzt Goethe mit seinen Bekannten am Lagerfeuer und spricht die prophetischen Worte: „Von hier und heute geht eine neue Epoche der Weltgeschichte aus.“

Gegen den König wird der Prozeß wegen Hochverrats eröffnet. Seine Korrespondenz mit dem Ausland hat man in einem eisernen Geheimschrank in den Tuilerien gefunden. Nun gilt er den meisten Franzosen als Verräter. Ein Bischof erklärt: „Könige sind Ungeheuer, ihre Geschichte ist die Leidensgeschichte der Völker.“ Das Wort klingt wie eine Antwort auf die Drohung Gustavs III. von Schweden gegen die Revolution: „Dieses Ungeheuer kann nur durch Eisen und Kanonen gezähmt werden!“

St. Just verwirft sogar einen ordentlichen Prozeß gegen den König. „Cäsar wurde mitten im Senat geopfert. Die ganze Formalität bestand lediglich in 23 Dolchstichen. Es geschah nach keinem anderen Gesetz als dem der Freiheit Roms.“ Danton sagt: „Mit den Tyrannen gibt es kein Paktieren, Könige schlägt man auf den Kopf.“ Und Robespierre: „Ludwig muß sterben, damit das Land lebe.“ Im Prozeß gegen den „Bürger Louis Capet“ sind die Hauptpunkte der Anklage: Des Königs Stellung zur Revolution, seine heimliche Verbindung mit dem Ausland, seine Flucht. Das Urteil wird mit einer Stimme Mehrheit entschieden. Für die Schuld des Königs stimmen zwar 673 von 718, für die Todesstrafe ohne Aufschub allerdings nur 361, dagegen 360. Sein Vetter Philipp von Orléans (Philipp Egalité) stimmt für den Tod. Am Tag darauf, am 21. Januar 1793, wird der König hingerichtet.

Girondisten und Jakobiner

(Einleitung zu den Kapiteln Paris 1793 und Dantons Tod. Seite 48ff des Schülerheftes.)

Im April 1792 erklärt Frankreich Österreich den Krieg. Sowohl der König wie die Girondisten haben ihn gewollt. Diese hoffen, durch einen Sieg das Vaterland und die neue Fahne mit Ruhm zu bedecken und die Unterdrückten jenseits der Grenze zu befreien; jener glaubt, daß ein Sieg Österreichs der Revolution den Hals brechen wird. Es gelingt den Girondisten nicht, Preußen und England von Österreich zu trennen. Beide Staaten schließen mit Österreich eine Koalition.

Der Krieg wird bald an zwei Fronten geführt: gegen das Ausland und gegen den „inneren Feind“. Der „innere Feind“, das ist zunächst für Girondisten wie Jakobiner jeder Gegner der Revolution, später – nachdem die Jakobiner die Diktatur des Wohlfahrtsausschusses durchgesetzt haben – jeder Gegner Robespierres. Seitdem kämpfen die zentralistisch denkenden Jakobiner gegen den Föderalismus der Girondisten. Die Provinzen antworten mit einer Revolte. Für Robespierre bedeutet égalité die gesellschaftliche Gleichheit, für seine Gegner nur eine Gleichheit des Rechtes. Jener will eine straffe Lenkung der Wirtschaft durch den Staat, diese lehnen eine solche energisch ab.

Der Herbst des Jahres 1792 sieht die Kanonade von Valmy. Das Revolutionsheer hatte der Armee der Monarchen standgehalten. Es folgt der Zug der Franzosen nach Mainz und Frankfurt. Savoyen und Nizza werden besetzt. Im November marschiert der General Dumouriez in Belgien ein. Die großen Siege waren möglich geworden vor allem durch die Begeisterung der Freiwilligen aus den Pariser Vorstädten. Zu ihnen war das berühmte Bataillon aus Marseille gestoßen, das den Parisern und der Nordarmee das Lied Rouget's de Lisle „Allons, enfants de la patrie“ brachte. Ihr Elan hatte Brüssel genommen und die Städte am Rhein: Mainz, Speyer und Worms. Die Freiwilligen traten in Deutschland, Holland und Belgien als Propagandisten der französischen Revolutionsideale, der liberté, égalité und fraternité auf. „Ihr sollt den anderen Völkern die gleiche Erlösung bringen!“ ruft ihnen ein Konventsmitglied zu. „Paix aux cabanes, guerre aux chateaux!“

wurde die Losung. Sie gewinnen Freunde im liberal gesinnten rheinischen Bürgertum, so den Kreis Georg Forsters in Mainz. Aber sie kommen auch als Angehörige einer fremden Armee, die harte Abgaben verlangt. Unter diesen seufzen die Bauern oft stärker als unter den Zehnten vor der Befreiung. Und mit der Propaganda der Idee geht die nationale Ausdehnung Hand in Hand. Zwar hatte einst Robespierre gewarnt: „Man liebt keine bewaffneten Missionare." Aber Danton sprach das Ziel klar aus: „Der Krieg muß bezahlt werden, und die Freiheit hat ihren Preis." Ihn sollen Belgien und ein Teil Deutschlands bilden. „Frankreichs Grenzen sind von der Natur gegeben, nämlich durch das Meer, den Rhein und die Alpen", erklärt Carnot.

Nach den Erfolgen des Jahres 1792 war 1793 der Rückschlag eingetreten. Das beste französische Heer war in Mainz eingeschlossen worden, Valenciennes belagert. Schließlich war der General Dumouriez mit seinem Stabe zu den Österreichern übergegangen.

Während die Lage auf den Kriegsschauplätzen verzweifelt wurde, trieb der Kampf zwischen den Girondisten und Jakobinern seiner Entscheidung zu. Nach der Niederlage in Belgien hatte der Nationalkonvent die ersten Terrorgesetze erlassen.

Wer an Aufständen teilnimmt, stellt sich außerhalb des Gesetzes. Wer mit der Waffe in der Hand angetroffen wird, kommt vor ein Kriegsgericht und wird innerhalb von vierundzwanzig Stunden abgeurteilt. In jeder Gemeinde werden Überwachungsausschüsse gebildet. Jeder Hausmeister hat an der Tür eine Liste der Hausbewohner anzubringen, die von den „Patrioten" (d. h., den Mitgliedern der politischen Klubs) kontrolliert werden. Alle Adligen, soweit sie nicht im Staatsdienst stehen, alle Geistlichen, die den Eid auf die Freiheit und Gleichheit nicht geleistet haben, sollen in die Fieberhölle von Guyana deportiert werden. Die Güter der Emigranten zieht der Staat ein (Gesetze vom 19. bis 21. März 1793). Ausschüsse wurden gebildet, ihr Haupt ist das Comité du salut public, der Wohlfahrtsausschuß.

Die Girondisten greifen im Konvent Robespierre, Marat und Danton an. Sie beantragen, die Immunität Marats aufzuheben, weil dieser den Konvent in einer Flugschrift als eine einzige Verschwörerbande bezeichnet hat, die Frankreich an die Despoten verraten wolle. Marat aber wird freigesprochen. Die Anhänger der Jakobiner auf den Tribünen und der „Berg" geraten darüber außer sich vor Freude. Die Girondisten protestieren. „Schuft, Mörder!!" hallt es von den Bänken. Danton versucht zu vermitteln: „Verschieben wir die persönliche Gehässigkeit, bis die Verfassung beschlossen ist!" Aber die Girondisten wollen keine Versöhnung. „Vergessen?" ruft einer der ihren. „Alles, nur nicht die Straflosigkeit der Bluthunde und ihrer Helfershelfer!" Und Danton antwortet: „Ihr versteht nicht zu verzeihen, Ihr werdet sterben!"

Die Nationalgarde unter der Führung Hanriots, der einstmals Meßner, dann Kammerdiener, zuletzt Schnapshändler gewesen ist, greift gegen die Girondisten ein. Er läßt vor dem Versammlungsraum des Konvents in dem alten Theatersaal der Tuilerien Kanonen auffahren. Eingeschüchtert gibt der Konvent die Girondisten preis. Neunundzwanzig von ihnen werden verhaftet, unter ihnen Brissot und Madame Roland.

Die Antwort des Landes auf diese Verhaftung ist der Aufstand. Zwei Drittel der Departements protestieren durch Eingaben an den Konvent gegen die Gewaltherrschaft der Pariser Kommune. In der Vendée, in Caen, Lyon, in der Gironde, Toulouse, Marseille beginnen die Kämpfe. Zwanzig Departements wagen den offenen Aufstand. Einige der führenden Girondisten können fliehen, einundzwanzig singen auf dem Karren, der sie am 30. Oktober 1793 zur Guillotine auf den Grêveplatz fährt, die Marseillaise. Als letzter singt und stirbt Vergniaud, der einmal das unheimlich prophetische Wort gesprochen hat: „Die Revolution verschlingt wie Saturn ihre eigenen Kinder."

Im Juli 1793 ist Marat gefallen. Die Girondistin Charlotte Corday, eine Enkelin Corneilles, hat ihn ermordet. Sie wird enthauptet. Aber auch Marats Freund Hébert und dessen Anhänger unter den Sansscülotten kommen auf das Schafott (24. März 1794). Sie fallen als „Verschwörer gegen das Vaterland". Sieben Tage später wird Danton verhaftet. St. Just verlangt vom Konvent die Köpfe der zweiten Serie von „Verschwörern".

Die Doktrinäre und die Realisten stehen hier gegeneinander. Danton ist für den Abbau des Terrors. Er hält ihn für unzweckmäßig, und das Blutvergießen widert ihn an. Sein

Freund Desmoulins schildert im „Alten Cordelier“ Tiberius, Nero und Caligula so, daß jeder Leser begreift, wer damit gemeint ist. Man reißt die Nummer den Verkäufern aus den Händen. Desmoulins fordert darauf die Entlassung von 200000 Menschen aus den Gefängnissen, die nur verdächtig sind.

Robespierre lehnt das im Konvent scharf ab: „Die revolutionäre Regierung schützt die guten Bürger, die schlechten sind ihre Feinde. Diese müssen getötet werden. Der Staat ist immer noch bedroht von großen Verschwörungen.“

Sein Angriff richtet sich gegen zwei Seiten, gegen „die allzu Nachsichtigen“, damit meint er die Dantonisten, und gegen „die tollkühnen Fanatiker“, und damit meint er die Hébertisten, die Atheisten und ultraradikalen Sansculotten, die eine großangelegte Besitzungsumschichtung wollen. Also ein Kampf gegen rechts und links.

Zugleich ist es aber auch ein persönlicher Kampf um die Macht. Am deutlichsten spiegelt sich dieser Vorgang in dem Gespräch zweier Geschworener des Prozesses gegen Danton wider. Als einer der beiden von seinen Gewissensqualen angesichts der mangelhaften Schuldbeweise spricht, entgegnet der andere: „Das ist kein Prozeß, das ist eine politische Maßnahme. Zwei sind unmöglich, einer muß weg. Willst du Robespierre töten? Nein? Nun also, damit hast du Danton schon verurteilt.“

Der Terror

(Einleitung zu den Kapiteln Erzengel des Todes und Der 9. Thermidor. Seite 55ff des **Schülerheftes.)**

Die Überlebenden des mörderischen Kampfes um die Macht waren zwei Gruppen:
1. Die Triumvirn Robespierre, St. Just, Couthon und
2. die Männer des Wohlfahrtsausschusses. Mit starrer Konsequenz führt der „Unbestechliche“ die Reinigung Frankreichs von allen Unzuverlässigen, von allen Verdächtigen weiter.

Seltsam nimmt sich in diesen Monaten des wildesten Schreckens das Fest aus, das Robespierre zu Ehren des „Höchsten Wesens“ anordnet. Sein Freund David, der bewunderte Maler des „Schwurs der Horatier“, hat die Regie übernommen. Am Morgen des 20. Prärial (Wiesenmonat, 8. Juni) versammeln sich Abgeordnete der Stadtverwaltung, der Bezirke und der Departements in langen Zügen vor den Tuilerien. Schon bei Sonnenaufgang hat eine kriegerische Musik die Bürger geweckt. „Beim Anblick des wohltätigen Gestirns umarmen sich Gatten, Brüder, Freunde, Kinder, Greise und Mütter. Türen und Fenster werden mit Guirlanden bekränzt. Die keusche Gattin flicht das Haar ihrer geliebten Tochter zu Zöpfen.“ Bis in alle Einzelheiten ist der Tageslauf des Bürgers an diesem Feiertag von David geregelt. Vor den Tuilerien redet Robespierre. Er schließt mit den Worten: „Seien wir großmütig gegen die Guten, mitleidvoll gegen die Unglücklichen, hart gegen die Bösen.“ Der Chor singt eine Hymne auf die Brüderlichkeit. Die Menge zieht aufs Marsfeld hinaus. Hier hat man einen Hügel aufgeschüttet, auf dem die Mitglieder des Konvents sitzen sollen. Inmitten des Zuges fährt ein Wagen mit dem Standbild der Freiheit. Die Mitglieder des Konvents, mit Federhut und dreifarbiger Schärpe, geleiten ihn, jeder trägt einen Blumenstrauß. Blinde Kinder singen zum Lobe Gottes Lieder. Auf dem Marsfeld spielen Schauspielertruppen, sie feiern die Großartigkeit des guten, gerechten und tugendhaften Menschen.

Die Hymnen, die Hunderttausende auf dem Marsfeld zu Ehren des Höchsten gesungen haben, kündeten von Versöhnung; die Guillotine aber stand nicht still. Zwei Tage nach dem Fest schlug Couthon dem Konvent ein neues Terrorgesetz vor. Danach wird mit dem Tode bestraft, wer die Patrioten schmäht, wer die öffentlichen Sitten verdirbt, wer die Kraft und Reinheit der revolutionären Idee untergräbt. Jedes unbedachte Wort kann also den Tod bringen.

Das Gerichtsverfahren wird geändert, es gibt keine Zeugen und Verteidiger mehr. Das Verhör erfolgt nur flüchtig in der Hauptverhandlung. Wer ins Gefängnis kommt, ist schon so gut wie zum Tode verurteilt, da die Richter kaum noch zuhören. Der öffentliche Ankläger, Fouquier-Tinville, sieht im Traum überall nur noch Blut und Leichen. Vor manchen Verhandlungen läßt er Listen für insgesamt einhundertfünfzig und mehr Angeklagte schreiben. In einigen Akten steht schon vor der Verhandlung „Verurteilt“. Robespierre wütet furchtbar in diesen Monaten. Auf der anderen Seite bemüht er sich energisch um das Schulwesen, die Literatur, das Theater und die Bauernbefreiung. Musiker, Architekten, Maler schaffen einen neuen Stil, den klassizistischen, der bewußt auf das alte Rom zurückgreift. Die Kleidung wird vereinfacht, die Sprache gereinigt. Doch zeigt sich die Kehrseite auch hier: alles wird von oben her, d. h. von Robespierre und seinen Freunden, als gut oder schlecht abgestempelt. Das Französische ist die Sprache der Freiheit, das Englische die Sprache der Despotie. Keiner darf mehr „im Stil der Tyrannen“ malen, d. h. wie Watteau, Boucher oder Fragonard. Den Bauern schlägt endlich die Befreiungsstunde. Robespierre schafft 1793 die nötigen Gesetze. Wer Ländereien der Emigranten kaufen will, erhält langfristige Abzahlungsverträge. Niemand soll mehr als 300 Morgen besitzen. Alle Bauern werden freie Eigentümer des Bodens, den sie selbst bebauen. Sie werden schuldenfrei, und alle alten Feudallasten werden für ungültig erklärt.

Aber die Leistungen werden überschattet durch den „Großen Schrecken“. Die Zahl der Verurteilten wächst unheimlich. In den zwölf Monaten vor Couthons Gesetz wurden etwa 1200 Menschen hingerichtet, 1300 aber allein in den folgenden zwei Monaten bis zum Sturze Robespierres. Die Mitglieder des Konvents wie des Sicherheitsausschusses, die Freunde Dantons wie die Anhänger des hingerichteten Hébert fürchteten für ihr Leben. Vor den Anklagen Robespierres und St. Justs war niemand mehr sicher. Treu zu Robespierre hielten nur seine engsten Freunde im Jakobinerklub. Selbst hier aber hatte er Gegner.

Am 1. Juli klagt er im Jakobinerklub, daß eine große Verschwörung gegen ihn angezettelt wäre; die Freunde der Girondisten, Dantons, Héberts und anderer Schurken wollten ihm ans Leben. Am 13. Juli greift er im Klub den Vorsitzenden Fouché an. Dieser sei das Haupt der Verschwörer. Er läßt ihn ausschließen. Die Versammlung aber wählt zu dessen Nachfolger einen Gegner Robespierres. Am 23. Juli hält er im Konvent seine letzte große Rede. Er verteidigt sich, und zugleich klagt er an. Er nennt keine Namen, das Schwert soll über jedem hängen. Die Versammlung sitzt wie erstarrt. Hinter den dunklen Brillengläsern sind die Augen des Unbestechlichen nicht zu erkennen. Wen sieht er an? Viele fühlen sich getroffen. Couthon beantragt den Druck der Rede und die Verschickung an alle Gemeinden Frankreichs. Da ruft ein Freund Marats: „Wenn Sie den Mut zur Tugend haben, müssen Sie auch den Mut zur Wahrheit haben! Nennen Sie die Leute, die Sie anklagen!“ Wilder Beifall bricht los. Alle schreien: „Namen nennen! Namen nennen!“ Aber Robespierre weigert sich. Da spricht ein Mitglied des Ausschusses für Gesetzgebung knapp und kalt den entscheidenden Satz: „Hier gilt es, einen großen Prozeß zu führen. Diese Rede wollen wir nicht drucken.“ Der Konvent nimmt seinen Antrag an und lehnt den Druck ab.

Am Abend des 8. Thermidor (Hitzemonat, 26. Juli) liest Robespierre seine Rede im Jakobinerklub vor. Viele jubeln ihm zu. Er endet: „Freunde und Brüder! Diese Rede ist mein letzter Wille, mein Testament. Meine Feinde oder besser, die Feinde der Republik, sind so zahlreich, so mächtig, daß ich nicht mehr hoffen kann, ihrer Verfolgung noch lange zu entgehen. Aber ich werde ruhig den Giftbecher trinken.“ So vergleicht er sich mit Sokrates, der für die Wahrheit den Schierlingsbecher getrunken hat. „Ich werde ihn mit dir leeren!“ ruft der Maler David. „Alle, wir alle! Befreie den Konvent von den Verbrechern, die ihn unterdrücken. Los, marschiere! Rette noch einmal die Freiheit! Tod den Verrätern!“ Billaud, der Freund des hingerichteten Hébert, meldet sich zum Wort. Man schreit ihn nieder. „Auf die Guillotine mit dir!“ Er muß mit zerrissenen Kleidern flüchten. Im Gefühl seines Sieges geht Robespierre ruhig nach Hause.

In dieser Nacht aber arbeitet ein anderer fieberhaft. Fouché weiß, daß er auf der Todesliste Robespierres steht. Er schweißt den Widerstand aller Bedrohten zusammen. Talliens Geliebte soll auf das Schafott, Carnot und Billaud können ihr in ein paar Tagen folgen. Die Freunde der Girondisten, Dantons und Héberts warten auf die Stunde der Rache. „Wie lange noch sollen an jedem Tag 60 oder 80 Köpfe unter das Fallbeil geschoben werden?“ fragen die entschlossenen Verschwörer die schwankenden Männer der Mitte des Konvents (des Marais, des „Sumpfes"). Fouché ist überall. Am Morgen des 9. Thermidor kann er mit seiner Arbeit zufrieden sein. Die meisten wissen: „Heute müssen wir losschlagen!"

Auch St. Just arbeitet. In dieser Nacht schreibt er ununterbrochen an einem Bericht an den Konvent. Carnot, der große Stratege, sitzt ruhig an seinem Platz unter der Lampe, er entwirft einen neuen Feldzugsplan. Da stürzt Billaud in den Saal. St. Just fragt ihn: „Nun, was gibt es Neues bei den Jakobinern?" Billaud glaubt, St. Just verhöhne ihn, er brüllt: „Was schreibst du da? Du schreibst wohl unsere Anklageakte?" „Du hast richtig geraten", entgegnet der andere. Er wendet sich zu Carnot: „Auch dich habe ich nicht vergessen." Man bedroht sich gegenseitig, schließlich aber verspricht St. Just, er werde den Bericht zunächst im Ausschuß verlesen, dann erst im Konvent. Dieses Versprechen aber hält er nicht, dem wartenden Ausschuß schickt er nur einen Zettel: „Ungerechtigkeit hat mein Herz verschlossen. Ich will es dem Konvent öffnen." Der Inhalt seiner Rede ist uns überliefert. Die Vermutungen der Gegner waren falsch: die Rede enthält zwar eine Kritik Billauds und seiner Gesinnungsgenossen, aber keine Anklage. St. Just verlangt in ihr sogar, daß in Zukunft die Willkür der Gerichte eingeschränkt werde.

B. Vorschläge für die Auswertung

I. Die Amerikanische Revolution

Rebellen

(Seite 3 des Schülerheftes)

1. Personen

Der Gouverneur ist ein Mann der alten Schule. Persönlicher Mut verbindet sich in ihm mit Beschränktheit, Rachsucht und Hochmut. Der lebenslustige, leichtsinnige König ist zwar einsichtig, aber im Grunde an den Vorfällen in den Kolonien wenig interessiert. Bacon greift zunächst zu legalen Mitteln, dann zu revolutionären. Die amerikanischen Historiker sehen in ihm die Verkörperung der energischen Selbstbehauptung. Er lebt in der Erinnerung des Volkes als Vorbild fort.

2. Die Lage in Virginien um 1675

Der König setzt den Gouverneur (einen Engländer) ein und dieser wählt sich 6 Räte (reiche amerikanische Pflanzer). Sie verteilen alle Ämter unter sich und bilden die Regierung. Die Gesetze gibt die Regierung zusammen mit dem „Haus der Wahlbürger" (House of Burgesses). Dieses besteht aus Landeigentümern und setzt die Höhe und Verwendung der Steuern fest. Von 1661–1675 hatte der Gouverneur keine Wahlen für das Haus angesetzt, da dessen konservative Mehrheit mit ihm einig war. Die reichen Grundbesitzer bestimmten also im Rat („Oberhaus") wie im „Unterhaus" die Politik. Die kleinen Farmer aber, die Lohnarbeiter und die Bedienten, die ihre Schuldverpflichtungen abgearbeitet hatten (s. Einleitung), fühlten sich benachteiligt. Viele Farmer waren verschuldet, da die Tabakpreise fielen. 1676 setzte das Haus der Abgeordneten zwar neue Steuern für den Bau von Urwaldforts an der Indianergrenze fest, aber diese wurden nicht errichtet. Das einzige Ergebnis der „Hilfsaktion" für die Grenzer war also die Erhöhung ihrer Steuerlast.

Im allgemeinen aber war die Lage in den Kolonien verschieden von der im Virginien dieser Jahre. Die Räte waren häufig anderer Meinung als der Gouverneur, und auch das virginische Unterhaus war anfangs eine mächtige, selbstbewußte Körperschaft. Erst in der Zeit der Stuarts wurde sie schwach. Aber gegen die Klassenherrschaft der Landlords und ihre Unterwürfigkeit vor dem Gouverneur und dem König erhebt sich energischer Widerstand. Bacons Aufstand bricht zwar zusammen, aber sein Geist lebt in Virginien fort. Seine Nachfolger sind Patrick Henry, Jefferson und Washington. Dabei ist zu beachten, daß die beiden letzteren der Schicht der reichen Pflanzer angehören.

3. Die Indianer

Diese waren aus ihren alten Stammessitzen verdrängt worden und wehrten sich mit allen Mitteln gegen das Vordringen der Farmer nach Westen. Ihre Überfälle und Rachezüge häuften sich. Der Gouverneur und einige seiner Freunde waren am Pelzhandel mit den Indianern interessiert und wollten diese durch eine größere militärische Unternehmung nicht reizen.

Der General und die Scharfschützen

(Seite 4 des Schülerheftes)

Diese Geschichte steht hier als Beispiel für den Zusammenprall zweier Epochen der Kriegführung. Auf der einen Seite die moderne Taktik der aufgelösten Schwarmlinie, des Ausnutzens der Deckung durch die Grenzer, auf der anderen das Manöverieren der exakt gedrillten britischen Militärmaschine in geschlossener und bewachter Formation: beides Ausdruck zweier Staatssysteme und Geisteshaltungen, der werdenden Demokratie und des absterbenden absolutistischen Staates. Braddock kennt nur die alte Taktik und ist zudem starrsinnig auf die strengste Disziplin bedacht.

Das persönliche Drama Braddocks und der Farmer gibt dem Jugendlichen den Anreiz, über die Frage nach Recht und Unrecht hinaus zu der Frage nach den Ursachen vorzustoßen.

Einführung der Persönlichkeit Washingtons.

Patrick Henrys Hochverrat

(Seite 4 des Schülerheftes)

1. Klärung des Begriffs Hochverrat. Geschichtliche Parallelen, Brutus und Cromwell dienen der Erläuterung des Begriffes. Hochverrat ist der Angriff auf den inneren derzeitigen Bestand eines Staates. Die Tat kann sich gegen das Staatsgebiet – z. B. Loslösung eines Teiles –, die Staatsverfassung oder die Staatsführung richten. Der Hochverrat zählt zu den politischen Verbrechen.
2. Darf das englische Parlament das Recht beanspruchen, den Kolonien Gesetze zu geben? In diesem umstrittenen Punkt steht die Auffassung der Kolonisten gegen die der Londoner Parlamentsmehrheit.
3. Die beiden Hauptgruppen: die Radikalen und die Königstreuen, das sind zum großen Teil die konservativen Landlords. Gründe ihres Verhaltens.
4. Die Wirkung der Rede. Bei der Behandlung der französischen Revolution ergibt sich die Gelegenheit, Mirabeaus berühmten Satz „Wir weichen nur der Gewalt der Bajonette!“ mit dem Satz Henrys zu vergleichen.

Tee für die Fische

(Seite 6ff des Schülerheftes)

1. Wiederholungsfrage: Wie beutet der Merkantilismus die Kolonien aus?
2. Hinweis: Der Zorn der Kolonisten wird dadurch geschürt, daß die Londoner Regierung sie wie farbige Völker behandelt.
3. Frage nach den Gründen für das Verhalten Londons. Handelt London klug?
4. Hinweis auf die Warnungen Pitts etc.
5. Weshalb bleibt die Teesteuer? Was heißt Machtprobe?
6. Weshalb verkleiden sich die Bostoner Bürger?
7. Weiß Sam Adams etwas von dem Vorhaben? (cf. Einleitung für den Lehrer)
8. Hinweis auf die Folgen des Handstreichs.
9. Hinweis und Erörterung der Begriffe Ursache und Anlaß.

Jefferson schreibt die Unabhängigkeitserklärung

(Seite 10ff des Schülerheftes)

Die Erzählung ist aufgelockert durch eine Reihe von persönlichen Details, Rückblenden usw. Sie umhüllen nur den Kern, die Hauptsätze der Erklärung. Diese steht bei der Besprechung natürlich im Mittelpunkt. Immerhin sind auch einige andere Punkte wichtig:

1. Die Lage des revolutionären Kongresses kommt in den Bemerkungen Hancocks und Franklins zum Ausdruck.

2. Die Kompromißbereitschaft der Kongreßmitglieder. Man vergleiche damit später die Kämpfe der französischen Revolutionäre untereinander.

3. Die grundsätzliche Frage, die Franklin mit seiner Bemerkung anschneidet, er würde eine solche Aufgabe niemals übernehmen.

Steuben

(Seite 13 des Schülerheftes)

1. Die grundsätzliche Frage der Selbstdisziplin als Grundlage jeder Demokratie. Autoritative und Selbstdisziplin.

2. Das Wesen des neuen Offizierstypus im Beispiel Steubens.

3. Hinweis: Man vergleiche später St. Justs Haltung als Kommissar mit der Steubens.

II. Die Französische Revolution

Die Generalstände

(Seite 27 des Schülerheftes)

1. *Warum hoffen die Abgeordneten, der König werde sie nach Provinzen geordnet empfangen und nicht nach Ständen?*

2. *Beachte, wie das zuschauende Volk sich bei dem Umzug verhält!*

3. Ein Zerfall des Ersten und Zweiten Standes begünstigt den Dritten Stand. Beachte dessen Zusammensetzung. – Die Spaltung des Klerus ist bereits sichtbar: Gegensatz der armen Pfarrer zum hohen Klerus. – Königstreue und Haß gegen die Königin. Deren persönlicher Feind ist Orléans. Aus seinem Lager stammen viele der unwahren Gerüchte über die Herrscherin.

4. Der Zug ist eine bewußte Zurschaustellung des Ständestaates: „So ließ dies schöne Fest des Friedens und der Einigung den künftigen Krieg ahnen.“ Allein die Verschiedenheit der Trachten, die den Abgeordneten befohlen war, bewies die Wahrheit von Sieyès hartem Wort: „Drei Stände? Nein, drei Nationen!“ Den Worten Michelets muß man allerdings hinzufügen, daß auch Abgeordnete der führenden Stände von der Notwendigkeit von Reformen überzeugt waren. Sie dachten nur maßvoller als der Dritte Stand. Erst dessen Radikalismus schuf im Laufe der Zeit eine Partei, die für die starre Erhaltung des ancien régime eintrat.

Die erste Sitzung

(Seite 29 des Schülerheftes)

1. *Beachte das Verhalten des Zeremonienmeisters und die Anordnung der Sitze!*

2. *Erfüllt der König die Hoffnungen des Dritten Standes?*

Der König und Necker kennen nur ein Problem, dessen Lösung sie von der Versammlung fordern: Sanierung der Finanzen.

3. *Wo zeigt es sich offensichtlich, was der Dritte Stand fordert?*

Er versucht die ihm gesetzten Schranken des Zeremoniells zu durchbrechen. (Forderung der Gleichheit.)

Mirabeau und Sieyès

(Seite 30ff des Schülerheftes)

1. *Warum wehrt sich der Hof gegen eine Vereinigung der Stände?* Gefahr der zahlenmäßigen Überlegenheit des Dritten Standes bei einer gemeinsamen Beratung.

2. *Klärung der Begriffe:* Veto des Königs, souveräne Aristokratie.

3a) *Was fordert Sieyès und mit ihm die Mehrheit der Versammlung?* Sieyès' Ausspruch: „Kappen wir das Tau“ in seiner tieferen Bedeutung. Ausschluß der beiden anderen Stände aus der Nation.

b) *Womit begründet die Versammlung ihr Vorgehen?* Sie vertritt 96% des französischen Volkes, d. h. in ihr manifestiert sich die unbeschränkte Volkssouveränität Rousseaus. Diese ist ihr ein Glaubensdogma. (Camus geht von der philosophischen, abstrakten Wahrheit aus). Die Versammlung denkt unhistorisch und nicht realpolitisch, indem sie das Vorhandensein der beiden anderen Stände negiert. Sie hat das „Rezept" des Philosophen zur Hand und glaubt, es ohne Rücksicht auf historisch Gewordenes verwirklichen zu können. Dies fordert Mirabeau auf den Plan.

4. *Warum widerspricht Mirabeau der Versammlung?* Er denkt realpolitisch. Was kommt, wenn der König die Bestätigung verweigert? Drohender Aufruhr, Bürgerkrieg. (Hinweis auf die Haltung des Volkes auf der Galerie und im Palais Royal) – Der Streit um die Worte Volk und Nation. Der Doppelsinn der Bezeichnung „Volk" bedeutet eine Vermeidung des von der Versammlung angestrebten revolutionären Bruches. Mit dieser Formulierung und mit dem Eintreten für das Vetorecht des Königs versucht Mirabeau, den Weg zu einer gemäßigten Lösung offenzuhalten: Unterhaus (3. Stand), Oberhaus (1. und 2. Stand), König. (Konstitutionelle Lösung, etwa im Sinne Montesquieus, die sich nicht über die historischen Gegebenheiten hinwegsetzt. Vorbild in der englischen Verfassung.) Sein Weitblick: Er fürchtet eine Diktatur des 3. Standes („souveräne Aristokratie von 600 Personen") ohne das Gegengewicht des Königs und der anderen Stände. Er ahnt im Staatsgedanken Rousseaus den Staat der Jakobiner. (Hinweis auf den Aufruhr Desmoulins im „Palais Royal". Gefahr des Radikalismus.) Gefahr der Diktatur einer neuen Herrschaftsschicht. Siehe „unabsetzbar", „erblich". Bei Beobachtern aus demokratisch regierten Ländern hat die philosophisch abstrakte Einstellung der Versammlung Verwunderung erregt. So sagt z. B. der amerikanische Gesandte Morris: „Da aber infolge eines ärgerlichen Zufalls die wirklichen Menschen, die in dieser Welt leben, von den eingebildeten Menschen, die die Gehirne dieser Philosophen bevölkern, sehr abweichen, so ist es nicht überraschend, daß die aus einem Buch geschöpften Staatssysteme nur da sind, um von der Wirklichkeit umgestoßen zu werden."

5. *Wie verhält sich das Volk zu den Debatten der Versammlung?* Zwei Versammlungen statt einer: Die Deputierten und die Abgesandten des Palais Royal. Erste Terrorversuche gegen die anders denkende Minderheit. Die Versammlung ist nicht mehr frei in ihren Entschlüssen. Der Pakt zwischen dem radikalen Teil der Abgeordneten und der Straße zeichnet sich ab.

Der Schwur im Ballhaus

(Seite 32 des Schülerheftes)

1. *Warum schwört die Versammlung?* Gegenseitige Sicherung der Abgeordneten. Befestigung des revolutionären Beschlusses, des neuen Rechtes, das sich das Volk schafft. Frankreich ist bisher ein Staat ohne Verfassung. Noch scheinen der Erfüllung dieses Eides die einfachsten Voraussetzungen zu fehlen. Schließung des Ballhauses, die „Nation" ist obdachlos. Die Lage scheint aussichtslos und erfordert höchsten Mut der Versammlung. Die Schwäche des Königs in der folgenden Sitzung rettet sie.

2. *Was bedeutet es, daß sich Vertreter der drei Stände umschlungen halten.* Symbol der Einheit. Hinweis auf „Die Nationalversammlung": Der Dritte Stand betrachtet sich aber als den ausschlaggebenden, dem sich die anderen Stände anzuschließen haben.

Die Kraftprobe

(Seite 33 des Schülerheftes)

1. *Warum gehorcht der Dritte Stand dem König nicht?* (Hinweis auf „Die Nationalversammlung", „Der Ballhauseid" usw.)

Der Gehorsam wäre gleichbedeutend gewesen mit dem Widerruf der Beschlüsse des 17. und 20. Juni. Zwischen dem Dritten Stand und dem König stand der Ballhauseid. Dort hatte die Nationalversammlung geschworen, eine Verfassung zu geben, nun hatte der König nur „Wohltaten" in Aussicht gestellt. –

Mirabeau als Wortführer. Er rettete die Versammlung. Er mußte sie retten, denn der Gehorsam der Versammlung wäre ihrer moralischen Abdankung gleichgekommen. (Ballhauseid!) Seine Worte sind wohlabgewogen: („Melden Sie denen..." Er will nicht den König, an dessen Erhaltung ihm liegt, durch seine Worte treffen, sondern den ihn beherrschenden Adel. Dies erreichte er allerdings nicht. Das Gerücht entstellte die Formulierung in: „Sagen Sie Ihrem Herrn...") Hinweis auf die Worte Patrick Henrys S. 25

2. *Wie verhält sich der König dem aufrührerischen Dritten Stand gegenüber?* Ungeschickte Formulierung: „Wohltaten" (absolutistische Denkungsweise!), statt der Anerkennung berechtigter Reformen. Ungeschicktes Betonen seiner Stellung: „Wohl meiner Völker, mich allein als den wahren Vertreter...". (Mirabeau sagte später, daß dem König ganz Frankreich zu Füßen gefallen wäre, hätte er die Reformen nicht als „Wohltaten" bezeichnet.) – Dazu als Gegensatz das Zurückweichen vor der Versammlung. „Man mag sie in Ruhe lassen." Mit diesem Wort unterwarf sich der König der Revolution.

3. *Warum erweist der Zeremonienmeister dem Dritten Stand die königliche Ehrung?* Er ist verwirrt von dessen bestimmtem Auftreten. Symbolhaft für das neue „Königtum": Der Souverän ist jetzt das Volk.

4. *Warum schließt der Herzog von Orléans sich gerade jetzt dem Dritten Stand an?* Er sieht die Revolution siegen. Wird man den König absetzen, so rechnet er mit der Regentschaft für den Kronprinzen.

Im Hauptquartier der Pariser Revolutionäre

(Seite 34 des Schülerheftes)

1. *Wie denkt der Hof über den Umbau des Palais Royal?* Die kaufmännische Art, Geld zu erwerben, ist Sache des Bürgerstandes, nicht des Adels. Gegensatz von alter feudaler und moderner bürgerlicher Denkungsart.

2. *Versuche zu erklären: „Im Palais Royal herrschen die Schreier der Straße."* Woraus setzt sich die Menge zusammen? Keine Bürger, die um ihren Besitz fürchten müssen. Was fordert sie? – Der neue radikale Ton der Flugschrift: Aufpeitschen der Begehrlichkeit. Die Flugschriften erschienen in unwahrscheinlich rascher Folge. Ein Engländer berichtet darüber als neutraler Beobachter: „Heute kamen dreizehn heraus, gestern waren es sechzehn und in der vergangenen Woche im ganzen zweiundneunzig." Kennzeichen dieser Aktivität der Masse: radikal und instinktiv. Im Palais Royal bildet sich eine revolutionäre Nebenregierung der Straße (vgl. unter: Die Nationalversammlung).

Der Sturm auf die Bastille

(Seite 35ff des Schülerheftes)

1. Die unentschlossene Menge (Masse ohne Führer) im Gegensatz zu einzelnen, die ohne Zaudern handeln, wie Thuriot. Aus welchen Quellen wird dessen Selbstbewußtsein gespeist?

2. Schnell umschlagende Gefühle der Menge. Sie jubelt zunächst Thuriot zu, später bedroht sie ihn. Sie fragt nicht nach seinen Gründen.

3. Weshalb wird das Versprechen des freien Abzugs der Besatzung nicht gehalten? Wer bricht es?

4. Die Charaktere:
   a) Der Kommandant der Bastille,
   b) Thuriot, c) Hullin, d) Elie.

5. Invaliden und Schweizer (Franzosen und Ausländer).

6. Unterschiede im Charakter der Menge: Unentschlossen die einen, maßvoll und besonnen die anderen, brutal eine dritte Gruppe.

7. Die Wirkung langer Haft auf die Gefangenen der Bastille.

8. Die Bastille als Sinnbild des Absolutismus.

9. Die tatsächliche militärische und politische Bedeutung der Bastille.

10. Die historischen Grundbegriffe Revolte und Revolution wären hier zu entwickeln. Der Jugendliche sollte unterscheiden lernen die zeitlich und örtlich begrenzte Teilaktion

von der Totalumwälzung aller Anschauungen. Diese kann so weit gehen, daß die Vertreter des Neuen auch eine vollkommen andersartige Sprache sprechen, die den Vertretern des Alten unverständlich bleiben muß.

11. Die Folgen des Sturmes.

a) Die Bastille wird zerstört.

b) Das Selbstbewußtsein der Pariser wächst nach dem ersten Sieg über den König außerordentlich.

c) Der neu gewählte Gemeinderat – der alte war vom König bestellt – fühlt sich erst jetzt als Herr der Lage. Er stellt eine Bürgerwehr unter Lafayette auf. Lafayette hatte seit 1777 als General amerikanische Truppen im Unabhängigkeitskrieg gegen die Engländer geführt (vgl. Yorktown).

d) Die Revolution greift auf die Provinzen über. Die Bauern stürmen viele Schlösser und verbrennen die Archive der Gutsherren, in denen die Listen mit den Abgaben und Frondiensten liegen. In den Städten bilden sich nach dem Pariser Muster Gemeinderäte aus eigener Machtvollkommenheit.

e) Viele Regimenter werden unsicher, einige meutern, andere lösen sich auf.

f) Die Emigration des Adels beginnt.

g) Statt des weißen Lilienbanners erscheint die blau-weiß-rote Trikolore (blau-rot sind die Pariser Stadtfarben, weiß ist die des Königs) und wird zum Muster der vielen dreifarbigen Länderflaggen. Die weiße königliche Kokarde steht gegen die revolutionäre blau-weiß-rote.

Der Marsch nach Versailles

(Seite 40 ff des Schülerheftes)

1. *Die Ursachen.* Eine Hungersnot droht in Paris, die Wirtschaft stockt, die Zahl der Arbeitslosen wächst ständig. Das Verhalten der Regimenter „Gardes du Corps“ und „Flandern“ beim Bankett. Die undurchsichtige Haltung des Königs. Die Reden Marats, Desmoulins und Dantons, das Geld des Herzogs von Orléans, der die Königin haßt und gegen den König hetzen läßt. Die Radikalen um Marat und Danton wollen den König unter den Druck der Pariser Vorstädte stellen.

2. *Die verschiedenen Schichten der Teilnehmer.* Arbeiterinnen, Marktfrauen, Frauen von Handwerkern und Kaufleuten, Arbeitslose, Männer in Frauenkleidern, gestrandete Existenzen wie Fournier, der „Amerikaner“, Bettler. Sehr verschiedene Gründe und Gefühle bewegen diese Menschen. Viele der Arbeiterinnen und Handwerkerfrauen haben seit Tagen nichts gegessen. Die „dames de la halle“, d. h. die Pächterinnen der Stände in der Großmarkthalle, sind royalistisch, sie sehen die Not, sie wollen den König nach Paris führen, weil sie glauben, der Hof in Versailles trenne den König vom Volk. Manche gehen aus Neugierde mit. Einige machen Marie Antoinette, die „Österreicherin“, für alle Not verantwortlich und wollen ihr ans Leben.

Da viele Adlige und reiche Bürger aus Sicherheitsgründen Paris verlassen haben, sind ihre Dienstboten entlassen worden, und manche Manufakturen arbeiten nicht mehr. Auch viele Handwerker, z. B. Holzschnitzer, die Luxusmöbel herstellten und von den Kirchen Bestellungen erhielten, vermehren die Zahl der Arbeitslosen.

Die meisten glauben, daß der König in Paris für eine bessere Getreidezufuhr sorgen würde. Daher die Bezeichnungen Bäcker, Bäckerin und für den Dauphin Bäckerjunge.

Das unterschiedliche Verhalten der Menge in Paris und in Versailles sowie auf dem Hin- und Rückmarsch wird bei der Analyse der Beweggründe verständlich.

Die Haltung des Königs und Lafayettes, der Nationalversammlung, der Nationalgarde und der Truppen.

1. *Der König* (vgl. die Einleitung zu „Der Sturm auf die Bastille“). Auch hier zeigt er keine Entschlußkraft: „Nichts überstürzen.“ Am liebsten vergißt er seine Sorgen auf der Jagd (vgl. das Tagebuch).

2. *Lafayette.* In der undurchsichtigen Situation möchte er nichts riskieren. Er zögert, schließlich deckt er sich für jeden Fall dadurch, daß er sich den Befehl, mit den Nationalgarden nach Versailles zu marschieren, ausdrücklich vom Gemeinderat erteilen läßt. Die

Nationalgarden hatten ihn zwingen wollen, schon um zwölf Uhr abzumarschieren. Einige schrien: „Nach Versailles oder an die Laterne."

3. *Die Truppen.* Zuverlässig sind nur noch die Gardes du Corps und die Ausländer (Schweizer und Deutsche, vgl. Flucht). Die Nationalgarden und französische Truppenteile marschieren unter Lafayette nach Versailles, um den König zu holen. Die Gardes du Corps können unbedenklich gegen die Menge eingesetzt werden. Ihr brutales Vorgehen steigert die Wut des Volkes.

4. *Das Ergebnis.* Der König hat sich nach langem Zögern dem Willen des Volkes gebeugt. Er und die Nationalversammlung stehen von nun an unter dem Druck der Pariser Sektionen. Die Gegner *scheinen* nur versöhnt. Unzählige haben beim Einzug in Paris gerufen: „Es lebe der König!" Einige wenige: „Es lebe die Königin!" Wird diese den Tag von Versailles vergessen? Fühlt sie sich nicht in den Tuilerien als Gefangene?

Die Flucht des Königs

(Seite 43 ff des Schülerheftes)

1. *Die Gründe der Flucht.* Der König will seine Handlungsfreiheit wiedergewinnen. Einzelheiten in der Einleitung.

2. *Die Ursachen des Scheiterns.*

a) Das Zögern des Königs. Nach seiner Gefangennahme sagte er: „Ich habe die Gelegenheit verpaßt. Am 14. Juli hätte ich gehen sollen" (d. h. am Tage des Bastillesturms). Der Tag der Abfahrt wird mehrfach verschoben. Dadurch werden die Offiziere der bereitstehenden Eskorten irregeführt.

b) Mangelnde Entschlußkraft: Der Vorschlag der Offiziere in Varennes wird nicht angenommen. „Schließlich muß ja auch Herr Bouillé bald kommen." Am Morgen sind 4000 Nationalgardisten versammelt.

c) Die Bequemlichkeit ist wichtiger als die Schnelligkeit: Kammerfrauen und Hoffriseur werden mitgenommen, der schwere Reisewagen fährt langsam, der Pferdewechsel auf den Poststationen kann schwierig werden. Die Flucht des Grafen von Provence in leichten Kutschen gelingt. Entscheidender Zeitverlust bei der Abfahrt.

d) Leichtsinn: Benehmen des Königs, des Kammerherrn und des Grafen Fersen. Man holt die verlorene Zeit nicht auf.

e) Die Entschlossenheit Drouets. Zu betonen wäre auch das aufregende Spiel und Gegenspiel der Kräfte. Mehr als einmal sieht es so aus, als könne der König entkommen, immer wieder wird die Chance verpaßt oder vereitelt: Termin, Reisewagen, Verspätung, Flucht zu Pferde, die Ritte Drouets und Bouillés. Dramatischer Höhepunkt der Flucht: Die Barrikaden 100 Meter vor der wartenden Eskorte. Die Frage: Was wäre geschehen, wenn die Flucht gelungen wäre? ist natürlich nicht sicher zu beantworten. Doch wahrscheinlich hätte der König seinen Kopf gerettet, seinen Thron dagegen verloren.

3. *Schließlich die Fragen*: Zufall, Schicksal oder Schuld?

4. *Das Verhalten der Bevölkerung.* Es gibt Aufschlüsse über die verschiedenen Strömungen: Radikale Bauern (einige kommen von weit her, um das Königspaar zu töten), vorsichtige Bürger in Varennes, die entschlossenen Nationalgarden, die mit Drouet die Wendung herbeiführen. Châlons ist eine Stadt der Rentiers, des königstreuen Bürgertums, des Adels, ohne Handel und Manufakturen. Der Priester und der Ritter vom Kreuze des Heiligen Ludwig verkörpern wie jene die alte Zeit.

5. *Die Haltung Barnaves und Pétions.* Sie spiegelt gewisse Meinungen der Nationalversammlung wider.

Paris 1793

(Seite 48 ff des Schülerheftes)

1. Lebensmittelknappheit und Höchstpreise, Inflation, Assignaten.

2. Die Revolutionstribunale als Kampfmittel gegen den „inneren Feind", d. h. gegen die Adligen, die gemäßigten Girondisten, später gegen alle Gegner Robespierres von rechts und von links, gegen Danton und Hébert, d. h. gegen alle „Abweichler".

Die innezuhaltende Linie bestimmte Robespierre.

3. „Verräter auf den Bänken des Konvents": d. i. eine Anspielung auf den Verrat des Generals Dumouriez, der nach seiner Niederlage bei Neerwinden (Belgien) im März einen Staatsstreich geplant hatte. Er wollte mit seiner Armee statt gegen die Österreicher nach Paris marschieren, den Konvent auseinanderjagen und die Monarchie wiederstellen. Dumouriez hatte tatsächlich Freunde und Bundesgenossen im Konvent. Selbst Danton wurde verdächtigt, er gehöre zu ihnen.

4. Die Macht der Massensuggestion: Verdächtigt werden der Mönch und Brotteaux. „Die Menge glaubte es unbesehen und stieß Todesdrohungen aus."

5. Über die soziologischen Veränderungen vgl. die Einleitung.

Erzengel des Todes

(Seite 55ff des Schülerheftes)

1. Die Rolle der Ausschüsse. Vgl. die Rolle der Ephoren im alten Sparta und die Ausschüsse der modernen Parlamente. Unterschiede.

2. Andere politische Grundformen könnten hier wiederholt werden: die kollegiale Herrschaft der Konsuln; die Diktatur in der römischen Republik, zeitlich und sachlich genau begrenzt; die Monarchie des Absolutismus; die moderne Diktatur. Die Szene gibt die geradezu klassische Auseinandersetzung eines Kollegiums von Sachkennern und Fachbearbeitern mit den Machtansprüchen eines Doktrinärs.

3. St. Just ist das Urbild des politischen Kommissars. Die eigene Person wird ebenso schonungslos eingesetzt wie die der anderen, ohne Rücksicht auf den Eigenwert des Individuums.

4. Carnot. Der Fachmann hinter den Kulissen der politischen Szene. Der Mensch ohne persönlichen Machtanspruch.

5. Das Triumvirat weicht vor dem geschlossenen Widerstand des Kollegiums zurück. Es weiß, daß dessen Arbeit für sie unentbehrlich ist.

9. Thermidor

(Seite 59ff des Schülerheftes)

1. Weshalb hält St. Just sein Versprechen nicht? Die Gründe sind unbekannt. Hier wäre zu zeigen, daß dem Historiker Grenzen gesetzt sind. Vgl. auch 5.

2. Weshalb wenden sich auch die Jakobiner des Berges im Konvent von Robespierre ab?

3. Weshalb bleibt sein Hilferuf an den „Sumpf" ohne Erfolg? Vgl. seine drohende Haltung in früheren Sitzungen.

4. Den Vorsitz führen am 9. Thermidor zwei energische Gegner Robespierres, die auf die Stunde der Abrechnung gewartet haben: Collot, der einmal Hébert nahegestanden hat, und Thuriot, der Freund Dantons. Den Toten folgen ihre Henker ins Grab. Dantons Wort wird Wirklichkeit: „Ich ziehe ihn mit mir! Er wird mir folgen."

5. Rätselhaft bleibt die Haltung St. Justs. Weshalb bleibt er stumm unter der Rednertribüne stehen? Glaubt er, daß Widerstand hier nutzlos ist? Ist er, dessen eiserner Wille sonst alles bezwang, müde?

6. Weshalb begibt sich Robespierre nach seiner Verhaftung nicht zu den übrigen Geächteten? Offenbar will er die Legalität wahren und auf seinen Prozeß warten, der ihm, so meint er, volle Rechtfertigung und einen Sieg bringen wird. Er ist immer ein Mann des Gesetzes gewesen. Aber hier zeigt sich auch, daß er ein Mann des Wortes ist, kein Mann der Tat.

7. Die wahrscheinlich entscheidende Alternative hat Robespierre nicht gesehen: Er hätte nach dem „Fest des Höchsten Wesens" entweder seiner persönlichen Herrschaft die nötigen Machtmittel schaffen (Cäsar, Cromwell, Napoleon), oder er hätte den Terror abbauen müssen, wie Danton es gewollt hatte. Er ging keinen der beiden Wege.

C. Bildbetrachtung

Jacques-Louis David, Der Schwur der Horatier. Gemalt in Rom 1784

1. Kurze sachliche Darstellung der Sage durch den Lehrer.
2. Frage: Welcher Augenblick der Sage ist hier dargestellt?
3. Genaue Beschreibung der Handlung des Bildes durch die Schüler.
4. Gemeinsame Besprechung der Komposition und des Gehaltes.

Drei Gruppen vor einer einfachen, klar gegliederten Säulenhalle.

a) *Die Jünglinge.* Ihre Kleidung. (David fordert als erster die historische Echtheit des Kostüms. Das war im Barock noch nicht der Fall.) Die Wucht ihrer Gebärde, die gerade, soldatische Haltung (wie auf dem Exerzierplatz). Diese Gebärde ist Ausdruck eines sittlichen Entschlusses. Vgl. Robespierres Forderung, daß alle Bürger „gute Patrioten“ sein müßten, die sich dem Vaterland opfern. Die Horatier schwören, für Rom zu siegen oder zu sterben.

b) *Der Vater.* Seine Haltung und sein Blick zum Himmel. Der sentimentale Augenaufschlag ist Ausdruck der Zeit.

c) *Die Frauen.* Ihr Gewand. Die stille Klage über den drohenden Verlust der Söhne und Gatten. Pathetisch-empfindsame, edle Haltung wie beim Vater, nur weicher.

d) *Der Hintergrund.* Keine strahlende Architektur- oder Wolkenkulisse wie bei Tiepolo, keine schaumig-verblasene Landschaft wie bei Watteau und Boucher, sondern eine einfache, kahle Säulenhalle. Sie betont die strenge Pathetik des Vorganges.

5. Kulturhistorische Ergänzungen für den Lehrer.

„In dieser Sündflut von Blut und Schrecken (der Revolution) wurden auch die künstlerischen Ideale des ancien régime mit fortgeschwemmt. Wie mußte die Kunst sich ummodeln, um in das neue Weltbild zu passen? Nun, die Antwort lautet: Nachdem man eine Kultur zerstört hatte, mußte man nach Anknüpfungspunkten bei einer anderen suchen, der man sich wahlverwandt, der man sich wesensgleich fühlte. Man hatte den König geköpft, hatte das Christentum ad acta gelegt, indem man den Christusstatuen in den Kirchen gleichfalls den Kopf abschlug und der Göttin der Vernunft Altäre errichtete. Also galt es, auf eine Epoche zurückzugreifen, die weder monarchisch noch christlich war. So kam man zu den heidnischen Republiken, zum republikanischen Sparta und zum republikanischen Rom. Ein Hauch aus der Antike wehte die Geister an. Das gewaltige ‚Senatus populusque romanus‘ lebte wieder auf in dem Zeichen R. F., das die öffentlichen Gebäude schmückte. An den Wänden standen die Büsten der großen Bürger Roms, des älteren und jüngeren Brutus, des Scipio, Seneca, Cato, Cincinnatus. Brutus namentlich, der den Cäsar tötete, war der Held der Zeit. Die Tyrannenmörder Harmodios und Aristogeiton wurden gefeiert. Die alten Helden, die für das Vaterland starben, durch heroische Taten ihrem Volke dienten, Marcus Curtius und Leonidas, Mucius Scävola und Timoleon, galten als Heilige. Nicht mehr die Psalmen und Evangelien, sondern Livius und Tacitus wurden von den Predigern auf der Kanzel zitiert. ‚Römer‘ redeten die Männer sich an und gaben ihren Kindern römische Namen. Haarbeutel, Jabots, Häubchen und Schleier, Spitzen und Rüschen fallen. Ein strenges Römertum sollte in Frankreich einherwandeln. In phrygischer Mütze, ohne Beinkleider gehen die Jakobiner daher. Frauen und Mädchen schlüpfen aus den Stöckelschuhen und schütteln den Puder aus dem Haar. Das Korsett fällt, nur durch einen Gürtel unter dem Busen ist die weiße Tunika zusammengehalten. Jeder Schmuck verschwindet, denn die égalité gestattet ihn nicht.

Diesem Rahmen hatte auch die Kunst sich einzufügen ... Sie sollte die Massen elektrisieren, sollte das Pathos, die martialische Geste ihrer Epoche haben, sollte Beispiele römischen Heldentums, des Mannesmutes, der sich aufopfernden Vaterlandsliebe dem Volk vor Augen stellen.

Jacques-Louis David hat ihr diese Attitüde des Heroismus gegeben. Und wer sein Selbstporträt sieht, fühlt, wie sehr bei ihm Kunst und Persönlichkeit sich decken. Er war kein schöner Mann. Er gleicht den fanatischen Volkstribunen, die damals von der Tribüne ihre Philippiken herniederdonnerten, und ein Seitenstück dieser großen Agitatoren war er auch als Künstler. David gehört zu denen, die die Revolution gemacht haben. Schon lange bevor die Ereignisse von 1793 kamen, predigte er, feuerte er an und verfluchte, stellte in gewaltigen Bildern dem Volke seinen römischen Beruf vor Augen. Gleich seine ersten Werke, der Schwur der Horatier und der Brutus – beide in Rom 1784 gemalt – waren das Vorwort zur Revolution. Er zeigte einem neuen puritanischen Geschlecht, das die tändelnde Kunst des Rokoko nicht mehr brauchen konnte, den Mann, den Heros, der für eine Idee, für das Vaterland stirbt."

Richard Muther, Geschichte der Malerei, Bd. III. 1909.

Muther bemerkt zwar, daß David zwei seiner wichtigsten Bilder schon drei Jahre vor dem Ausbruch der Revolution in Rom gemalt hat. Doch stehen seine Worte „sie waren das Vorwort zur Revolution" im Gegensatz zu dem, was er anfangs behauptet. Auch die Gräcomanie war älter als die Revolution. Richard Hamann gibt eine andere Erklärung für die Zusammenhänge. Er meint, daß die Generation der um 1750 geborenen Künstler sich mit der Rückkehr zur Antike zwar in einen bewußten Gegensatz zur Hofkultur des Barock und des Rokoko stellt, daß sie auch einen Kampf führt gegen die geistige Feinheit, Eleganz und gesellschaftliche Konvention des ancien régime, daß sie im Grunde aber zunächst nur eine neue Natürlichkeit will. „Was man in der Antike suchte, war nicht neue Form und Lebenshaltung, sondern Natur, ... eine neue Erdwirklichkeit, die Festigkeit und Greifbarkeit der Masse, die Schwere des Erdverbundenen, die Realität des Diesseitigen." Nach der Darstellung des Klassizismus in Deutschland fährt Hamann fort:

„Aber dies (der Klassizismus in Deutschland) ist ein Nebenweg, in der bildenden Kunst nur deshalb so bedeutsam, weil sie sichtbar die Lebenssphäre darstellt, in der Goethe eine Zuflucht für seine Griechensehnsucht und Iphigenienstimmung fand. Daneben steht eine härtere, entschiedenere Gesinnung, die die Revolution fortsetzt und sich aus anderen Motiven heraus antiker Stoffe und einer scheinbar antiken Formensprache bedient. Sie geht aus von Frankreich, dem Lande der Revolution; ihr Führer in der bildenden Kunst ist Jacques-Louis David.

Als revolutionäre Sprache war die Wirkung dieser Kunst auf die Masse und auf die Öffentlichkeit angewiesen ... Dazu aber bedurfte es der eindringlichen Gebärde, für die Gebärde bedurfte es des Körpers wie in der Antike, und für die Wirkung nach außen des hallenden Resonanzbodens, von dem sich die Gebärde laut und vernehmlich abhob. Diese Sprache des rhetorischen Pathos einer großen Gebärde war dem Franzosen aus der Tradition der Kunst Ludwigs XIV. und des Stiles der Comédie française, aus den Aufführungen der Tragödien des Corneille und Racine vertraut. Die Ideen selbst aber von Menschlichkeit, Freiheit, Brüderlichkeit als politisches Programm, als philosophische Lehre einer kommenden Zeit hatten die Allgemeinheit, die nur den Menschen schlechthin, nicht das Individuum umfaßte, nur die vom Milieu gelöste, im freien Raum oder vor dem leeren Hintergrund vorgeführte Gestalt, nicht den besonderen Raum, das Heim und seine Stimmung zum Inhalt. Was aber konnte geeigneter sein, diese Allgemeinheit des neuen Menschen, des naturhaften Menschen, auszudrücken als die antike Statue. Sie war Natur, ... ohne die Verbildung ... eines närrischen Kostüms. In ihrer Individualitätslosigkeit war sie der Mensch schlechthin; in ihrer klassischen Formenschönheit waren die Maße der Vernunft, des Vernünftigen, d. h. aber des sich gesetzlich Ergebenden ohne Willkür und Verschnörkelung. Ebenso war die schlichte, einfache Säulenarchitektur der dorischen Tempel in ihrer nackten Schmucklosigkeit der ideale Hintergrund für diese Vernunft des gesetzmäßig natürlichen Daseins. So spielt sich die Szene des Schwures der Horatier wie ein antikes Relief als ein Stückchen antiker Geschichte mit antiker Allgemeinheit der Körper, Physiognomien, Kostüme vor einer kahlen, tönenden Säulenhalle ab." Richard Hamann, „Geschichte der Kunst", 1932

Diese Ergänzungen sind für den Unterricht nur in Auswahl verwendbar.

Es muß wohl nicht gesagt werden, weshalb bei diesem typischen Bild Davids die historische Distanz besonders streng gewahrt werden muß.

D. Vorschläge für die Auswertung von Karten

Beispiel: Die englischen Kolonien in Nordamerika

Westermann „Völker, Staaten und Kulturen, 1957, S. 60, 70, 73.
Putzger, Historischer Schulatlas, 71. Auflage, S. 96, 97.
Diercke, Weltatlas, (1. Auflage der Neubearbeitung) S. 130/31
Sydow-Wagner, Schulatlas, 23. Auflage, Nr. 56

Aufgaben für die Schüler

1. Größenverhältnisse: Miß die Strecke vom St. John-Fluß an der Nordgrenze der Kolonien bis zur Südgrenze von Georgia. Vergleiche sie mit einer europäischen Strecke. Wieviel Tage braucht ein Reiter für die Strecke Boston-Savannah? Frage einen Reiter, wieviel Kilometer ein Pferd im Durchschnitt täglich zurücklegen kann.

Märsche der französischen Waldläufer: In 65 Tagen legt der Marquis La Salle mit seinen Coureurs die 1700 km vom Unterlauf des Illinois zum Ontario-See zurück, in einem furchtbaren Winter, zum Teil durch brusthohen Schnee.

Vergleiche folgende Zahlen: Nordrhein-Westfalen 34000 qkm, Schleswig-Holstein 15700 qkm, Niedersachsen 47000 qkm, Hessen 21000 qkm, Bayern 70000 qkm, die Kolonie New York 128400 qkm, Maryland 27400 qkm, Virginia 105700 qkm, Georgia 152500 qkm. Beachte, daß Maryland Privatbesitz eines einzigen Mannes ist, des Lord Baltimore. Ferner, daß im Norden viele kleine Farmer sitzen, in den Südstaaten dagegen Plantagenwirtschaft getrieben wird.

2. Geopolitische Fragen: Lies im geographischen Lehrbuch nach, was darin über die Küstenbeschaffenheit und die Art der Häfen gesagt ist.

Betrachte die Karte der Ostküste der USA genau: z. B. im Diercke S. 130/31 oder im Sydow-Wagner Nr. 56. Beschreibe die Größe der Küstenebenen. Vergleiche damit die Angaben des Kapitels „Die Kolonisten“ über die Siedler.
Weshalb überragen die Häfen des Nordens bei weitem die des Südens?

Wieviel Tage braucht um 1780 ein Segler für die Fahrt von London oder Le Havre nach Boston? (Vergleiche die Einleitung zu dem Kapitel „Ein Amerikaner in Paris“.) Was bedeutet diese Entfernung für die politische Abhängigkeit der Kolonien vom Mutterland?

Für die französische Revolution vgl. Putzger S. 90, Westermann S. 64 bis 68.

E. Literatur

I. Die Amerikanische Revolution

Darstellungen

G. O. Trevelyan, The American Revolution. 1899–1903.
J. Stulz, Die Vereinigten Staaten von Amerika. 1934.
A. Nevins und H. St. Commager, dtsch., Die Geschichte der Vereinigten Staaten o. J.
J. T. Adams, The Epic of America, dtsch. 1933 u. 1946, Der Aufstieg Amerikas.
J. M. Trevelyan, History of England, dtsch. 1947.
S. E. Morison und H. S. Commager, dtsch. Das Werden der amerikanischen Republik 1948.
H. J. Dahms, Geschichte der Vereinigten Staaten von Amerika. 1953.
O. Vossler, Die amerikanischen Revolutionsideale in ihrem Verhältnis zu den europäischen, 1929.
E. Baumgarten, Benjamin Franklin, der Lehrmeister der amerikanischen Revolution. 1936.
W. Irving, George Washington. 1855–59, dtsch. v. Bülau 1855–60.
J. Sawyer, George Washington. 1927.
G. Lisitzky, Thomas Jefferson, 1933, dtsch. 1948.

Quellen

Life and Writings of George Washington, herausgeg. v. W. Ford 1837, 1855., dtsch. 1888–93. — Hirst, Life and letters of Jefferson. — Jefferson Schriften, herausgeg. v. P. L. Ford 1892–99. — Seume, Mein Leben.

Romane

R. v. Ranke-Graves, Von Bunker's Hill nach Saratoga. — K. Roberts, Arundel. — Cooper, Die Lederstrumpf-Romane. — F. v. Gagern, Das Grenzerbuch. — W. Irving, History of New York.

II. Die Französische Revolution

Darstellungen

Ch. Seignobos, Histoire sincère de la Nation française, dtsch. 1919.
F. Mignet, Histoire de la révolution française. 1824, dtsch. 1919. Ideengeschichte. Verteidiger des Liberalismus.
L. Blanc, Histoire de la révolution française. 1847–63. Sozialpolitiker. Gegner Michelets.
J. Michelet, Histoire de La Révolution française. 1847–52, dtsch. bearbeitet und herausgegeben von Fr. M. Kircheisen. Für die Franzosen der „Klassiker" der Geschichtsschreibung der Revolution.
A. de Lamartine, Histoire des Girondins 1847, dtsch. 1847, gekürzt Girondisten und Jakobiner, Mchn. 1923. „Mittelding zwischen Geschichte und Memoiren". Sehr parteiisch, benutzte aber manches heute verschollene Quellenmaterial.
H. v. Sybel, Geschichte der Revolutionszeit 1789–1800. Seit 1853.
H. Taine, Les origines de la France contemporaine 1876–94, dtsch. bearbeitet, Die Entstehung des modernen Frankreich, 1877–94. 1908–25. Meersburg. 1936. Fesselnde, aber einseitige Methode.
A. Thiers, Histoire de la Révolution française. 1881 (1823–27). Verherrlicht als Liberaler die Revolution. Dtsch. v. Jordan, 1854.
F. Aulard, Histoire politique de la Révolution française 1789–1804, 1901, dtsch. Politische Geschichte der Französischen Revolution 1789–1804. 1924. Gegner der Methode Taines. Begründer der wissenschaftlich-kritischen Methode in der Betrachtung der Französischen Revolution.
A. Wahl, Geschichte des europäischen Staatensystems im Zeitalter der Französischen Revolution und der Freiheitskriege.
J. Jaurès, La convention. 1904.
P. Krapotkin, La grande révolution 1789–93, dtsch. 1921. Schreibt im wesentlichen die Geschichte der Sektionen von Paris.
A. Stern, Die Französische Revolution in der Propyläen-Weltgeschichte. Bildmaterial!
Bourgin, Die Französische Revolution in L. M. Hartmanns Weltgeschichte.
M. Göhring, Geschichte der Großen Revolution. 1950–51.
A. Wahl, Robespierre. 1910.
Mathiez, Robespierre terroriste. 1920.
R. Rolland, Robespierre. 1949.
Fr. Sieburg, Robespierre. 1949.
E. Erdmannsdörffer, Mirabeau.
H. Wendel, Danton, dtsch. 1930.
K. A. v. Müller, Danton. 1949.
Hamel, Histoire de Saint-Just. 1859.
E. Fleury, Saint-Just et le terreur. 1851.
v. Hentig, Fouché. 1921.
Fritzsche, König und Jakobiner (Dumouriez).
J. Rathgeber, Elsässische Geschichtsbilder aus der Revolutionszeit. 1886.
K. H. Heigel, Geschichtliche Bilder und Skizzen. 1897.

Quellen

J. J. Rousseau, Der Gesellschaftsvertrag.
Marie Antoinette, Briefe.
Goethe, Campagne in Frankreich.
Ch. Robespierre, Mémoires sur mes deux frères. 1835.
de Thiébault, Mémoires, dtsch. bearbeitet 1902 (Lutz).
Louvet, Mémoires sur la Révolution française. 1889. Jakobiner, Gegner Robespierres.
Choiseul, Mémoires. 1890 und 1904.
Madame Roland, Mémoires, dtsch. Aus den Tagen der Schreckensherrschaft. 1927.
Roederer, Journal du comte P. L. Roederer, dtsch. 1909.
Georg Forster, Abenteuer seines Lebens in Briefen (Langewiesche).
Magister Laukhards Leben und Schicksale (Lutz).

Dramen, Romane und Erzählungen

Goethe, Der Großkophta. Der Bürgergeneral. Die Aufgeregten.
Büchner, Dantons Tod.
R. Rolland, Danton. Die Wölfe.
Goethe, Hermann und Dorothea.
L. v. François, Die letzte Reckenburgerin.
Raabe, Die Gänse von Bützow.
Strindberg, Gerichtstage in „Historische Miniaturen".
A. France, Die Götter dürsten.
Meyer-Eckhardt, Die Möbel des Herrn Berthélemy.
R. H. Bartsch, Vom sterbenden Rokoko.